高等职业教育系列教材

工业数据采集

主　编　肖国涛　高　庆
副主编　吴　克　杨朝霞　丛兰强
参　编　陈善岭　王　冰　孔令帅　朱化国

机械工业出版社

本书采用工作过程导向的课程开发与教学设计思想，以项目化的形式，深入浅出地介绍了工业互联网数据采集的相关基础知识，围绕工业互联网数据采集系统的基本概念、组成、主要性能指标，对工业智能网关与设备的准备、安装、Web 界面配置、数据采集与上传、故障现象与处理等进行了详细介绍。书中穿插工业互联网数据采集应用实例，并配有大量图表、示例和练习题，力求理论与实践并重。本书内容丰富，表达严谨，逻辑性强，可读性好。

本书既可供教师课堂讲授，又可供自学者阅读，适合作为高等职业院校"工业数据采集"课程的教材，也可作为工业互联网设备数据采集 1+X 职业技能等级证书的培训教材，还可作为从事工业设备数据采集、实施与运维的工作人员的参考用书。

本书配有视频资源，可扫描书中二维码直接观看，还配有授课电子课件、习题答案等，需要的教师可登录机械工业出版社教育服务网 www.cmpedu.com 免费注册后下载，或联系编辑索取（微信：13261377872，电话：010-88379739）。

图书在版编目（CIP）数据

工业数据采集/肖国涛，高庆主编. —北京：机械工业出版社，2024.3
（2025.7重印）
高等职业教育系列教材
ISBN 978-7-111-75354-4

Ⅰ.①工… Ⅱ.①肖…②高… Ⅲ.①制造工业–数据采集–高等职业教育–教材 Ⅳ.①F407.4

中国国家版本馆CIP数据核字（2024）第054629号

机械工业出版社（北京市百万庄大街22号　邮政编码100037）
策划编辑：曹帅鹏　　　　　　责任编辑：曹帅鹏　杨晓花
责任校对：张慧敏　张亚楠　　责任印制：郜　敏
北京华宇信诺印刷有限公司印刷
2025 年 7 月第 1 版第 2 次印刷
184mm×260mm・16.25 印张・362 千字
标准书号：ISBN 978-7-111-75354-4
定价：65.00 元

电话服务　　　　　　　　　　网络服务
客服电话：010-88361066　　　机　工　官　网：www.cmpbook.com
　　　　　010-88379833　　　机　工　官　博：weibo.com/cmp1952
　　　　　010-68326294　　　金　书　网：www.golden-book.com
封底无防伪标均为盗版　　　　机工教育服务网：www.cmpedu.com

前言

　　工业互联网是新一代信息技术与制造业深度融合的产物。加快发展工业互联网不仅是顺应产业发展大势、抢占产业未来制高点的战略选择，也是我国推动制造业质量变革、效率变革和动力变革，实现高质量发展的客观要求。

　　工业互联网以数据为核心，通过感知控制、数字模型、决策优化3个层次，构成工业数字化应用闭环。工业互联网设备数据采集是工业互联网平台数据汇聚、处理、建模、分析，进而赋能企业数字化转型的基础，对工业互联网的应用具有重要意义。

　　本书以工业互联网数据采集过程为项目载体，着重提高学生的知识迁移和运用能力，培养学生具备一定的推理分析和解决工程实际问题的能力。党的二十大报告将习近平新时代中国特色社会主义思想的世界观和方法论概括为必须坚持人民至上、必须坚持自信自立、必须坚持守正创新、必须坚持问题导向、必须坚持系统观念、必须坚持胸怀天下。本书结合中国共产党人精神谱系，把"六个坚持"作为思政目标的分类，在课程内容中寻找相关的落脚点，通过案例、知识点等教学素材的设计运用，以润物细无声的方式将正确的价值追求有效地传递给学生。课程思政元素汇总见表1。

表1　课程思政元素汇总

分　类	章　节	案例或知识点	总结分析（思政升华）	思政落脚点
坚持自信自立	第1章 1.1.1节	工业互联网的发展历程	通过对比工业互联网在国内外的发展历程，学生可以了解我国工业互联网的发展处于世界领先水平，我国的工业发展是自信自立的	道路自信、理论自信、制度自信、文化自信
坚持守正创新	第2章 2.2.7节	工业智能网关的安装与拆卸	工业智能网关是高科技产品，在其安装与拆卸过程中，要求学生要勇于创新，大胆拆装，真正学懂、弄通其原理结构	革故鼎新、求真务实、敢为人先、锐意进取
坚持问题导向	第3章 3.2.1节	制作通信电缆	本节内容为动手实操课，采用启发式教学法，提出问题，引导学生动手制作	问题意识、问题导向、启发式教育、问题思维

（续）

分类	章节	案例或知识点	总结分析（思政升华）	思政落脚点
坚持人民至上	第4章4.6节	认识噪声传感器	工业生产中噪声过高会危害人体健康，引导学生树立工业生产要以人为中心、注重人身健康与安全的意识	以人为中心，安全意识、健康意识
坚持系统观念	第4章4.6节	采集其他传感器数据	整体设备数据的采集必须分步实现：第一步选择智能网关；第二步制作通信电缆；第三步配置采集参数	整体与部分、全局观念、系统思维
坚持胸怀天下	第5、6章	采集西门子PLC设备数据；采集三菱PLC数据	西门子PLC与三菱PLC都为国外知名品牌PLC，引导学生具有全球化意识，学习国外先进技术	全球化、世界文化、他山之石、中西结合、洋为中用

  本书由山东信息职业技术学院肖国涛、高庆主编，山东信息职业技术学院吴克、杨朝霞、丛兰强担任副主编，山东信息职业技术学院陈善岭、王冰及上海明材数字科技有限公司孔令帅、山东万腾电子科技有限公司朱化国参与了本书的编写，山东信息职业技术学院韩敬东担任本书主审。

  本书可作为工业互联网设备数据采集1+X职业技能等级证书的培训教材，也可作为职业院校"工业设备数据采集"课程的教材，还可作为从事工业设备数据采集、实施与运维的工作人员的参考书。

  由于工业数据采集技术发展日新月异，加之编者水平有限，书中难免有疏漏和不足之处，恳请各位读者批评指正。

编 者

contents 目 录

前言

第1章 认识工业互联网设备数据采集 ……………… 1

1.1 认识工业互联网与工业互联网设备数据采集 ………………… 1
    1.1.1 工业互联网的发展历程 …… 3
    1.1.2 工业互联网的体系架构 …… 4
    1.1.3 工业互联网平台的概念与组成部分 ………………… 6
    1.1.4 工业互联网设备数据采集的概念与组成部分 ………… 9

1.2 认识工业现场设备 ………… 12
    1.2.1 工业概述 ………………… 14
    1.2.2 工业行业的主要分类 …… 14
    1.2.3 工业现场设备的主要类型 … 17

1.3 认识工业数据 ……………… 22
    1.3.1 工业数据的概念和适用范围 ………………… 23
    1.3.2 工业数据信号的输出形式 ………………… 25
    1.3.3 工业应用场景的设备数据互通 ………………… 25
    1.3.4 工业互联网设备的数据采样频率 ………………… 27

第2章 认识工业智能网关 ………… 30

2.1 认识工业智能网关的类型 … 31
    2.1.1 边缘计算 ………………… 32
    2.1.2 网关的概念 ……………… 33
    2.1.3 工业智能网关的优势 …… 34
    2.1.4 工业智能网关的类型 …… 35

2.2 认识工业智能网关的结构 … 37
    2.2.1 工业智能网关的结构组成 ………………… 38
    2.2.2 工业智能网关的指示灯 … 39
    2.2.3 工业智能网关的设备接口和上传接口 ………… 40
    2.2.4 工业智能网关的网络通信 ………………… 42
    2.2.5 工业智能网关的电源接口 ………………… 44
    2.2.6 工业智能网关的登录配置界面 ………………… 44
    2.2.7 工业智能网关的安装与拆卸 ………………… 47

第3章 采集振动传感器数据 ……… 50

3.1 选择工业智能网关 ………… 51
    3.1.1 工业智能网关选型 ……… 53

3.1.2 振动传感器的概念⋯⋯⋯⋯ 56
3.1.3 振动传感器的设备信息⋯⋯ 59
3.1.4 振动传感器的数据信息⋯⋯ 62
3.1.5 工业智能网关选型涉及的其他信息⋯⋯⋯⋯⋯⋯⋯⋯⋯ 62
3.2 连接振动传感器和工业智能网关⋯⋯⋯⋯⋯⋯⋯⋯⋯⋯⋯⋯ 65
3.2.1 制作通信电缆⋯⋯⋯⋯⋯⋯ 66
3.2.2 检测并连接通信电缆⋯⋯⋯ 68
3.3 配置工业智能网关基本参数⋯⋯ 71
3.3.1 认识工业智能网关的配置界面⋯⋯⋯⋯⋯⋯⋯⋯⋯⋯⋯ 72
3.3.2 工业智能网关配置前的准备工作⋯⋯⋯⋯⋯⋯⋯⋯⋯ 74
3.4 配置工业智能网关采集参数⋯⋯ 76
3.4.1 通过 Web 浏览器登录工业智能网关配置界面⋯⋯⋯⋯ 76
3.4.2 工业智能网关的系统信息配置和网络配置⋯⋯⋯⋯⋯ 76
3.4.3 智能网关的数据采集配置⋯⋯⋯⋯⋯⋯⋯⋯⋯⋯⋯⋯ 77
3.5 测试工业互联网设备数据采集系统⋯⋯⋯⋯⋯⋯⋯⋯⋯⋯⋯⋯ 79
3.5.1 测试网络连通性⋯⋯⋯⋯⋯ 80
3.5.2 测试工业智能网关数据通信的准确性⋯⋯⋯⋯⋯⋯⋯ 82
3.5.3 测试工业智能网关数据通信的实时性⋯⋯⋯⋯⋯⋯⋯ 84
3.5.4 测试工业智能网关数据通信的稳定性⋯⋯⋯⋯⋯⋯⋯ 86
3.5.5 采集数据存储配置及历史数据查询⋯⋯⋯⋯⋯⋯⋯⋯ 87
3.6 采集其他传感器⋯⋯⋯⋯⋯⋯⋯ 92
3.6.1 选择工业智能网关⋯⋯⋯⋯ 93
3.6.2 通信电缆的制作、检测与连接⋯⋯⋯⋯⋯⋯⋯⋯⋯⋯ 96
3.6.3 工业智能网关的基本参数配置⋯⋯⋯⋯⋯⋯⋯⋯⋯⋯ 96
3.6.4 工业智能网关的采集参数配置⋯⋯⋯⋯⋯⋯⋯⋯⋯⋯ 96
3.6.5 测试工业互联网设备数据采集系统⋯⋯⋯⋯⋯⋯⋯⋯ 96

第 4 章 采集温湿度传感器数据⋯101

4.1 选择工业智能网关⋯⋯⋯⋯⋯⋯ 101
4.1.1 温湿度传感器的概念⋯⋯⋯ 103
4.1.2 温湿度传感器的设备信息⋯⋯⋯⋯⋯⋯⋯⋯⋯⋯⋯⋯ 105
4.1.3 温湿度传感器的数据信息⋯⋯⋯⋯⋯⋯⋯⋯⋯⋯⋯⋯ 107
4.1.4 工业智能网关选型涉及的其他信息⋯⋯⋯⋯⋯⋯⋯⋯ 107
4.2 连接温湿度传感器和工业智能网关⋯⋯⋯⋯⋯⋯⋯⋯⋯⋯⋯⋯ 111
4.2.1 被采集设备的接口类型、通信类型和选择连接方式⋯111
4.2.2 制作通信电缆⋯⋯⋯⋯⋯⋯ 112
4.2.3 检测并连接通信电缆⋯⋯⋯ 113
4.3 配置工业智能网关基本参数⋯⋯ 116
4.3.1 认识工业智能网关的配置界面⋯⋯⋯⋯⋯⋯⋯⋯⋯⋯ 117
4.3.2 工业智能网关配置前的准备工作⋯⋯⋯⋯⋯⋯⋯⋯⋯ 119
4.4 配置工业智能网关采集参数⋯⋯ 121
4.4.1 工业智能网关 VT-SDU-N001 的网络配置⋯⋯⋯⋯⋯⋯⋯ 121
4.4.2 工业智能网关的数据采集配置⋯⋯⋯⋯⋯⋯⋯⋯⋯⋯ 122
4.5 测试工业互联网设备数据采集系统⋯⋯⋯⋯⋯⋯⋯⋯⋯⋯⋯⋯ 125
4.5.1 测试网络连通性⋯⋯⋯⋯⋯ 125
4.5.2 测试数据采集的准确性⋯⋯ 126

目　录

4.5.3　测试数据采集的实时性······ 129
4.5.4　测试网关数据通信的
　　　　稳定性······························ 131
4.5.5　采集数据存储配置及历史
　　　　数据查询···························· 131
4.6　采集其他传感器数据················ 136
4.6.1　选择工业智能网关·············· 137
4.6.2　通信电缆的制作、检测与
　　　　连接······························ 140
4.6.3　工业智能网关的基本参数
　　　　配置······························ 140
4.6.4　工业智能网关的采集参数
　　　　配置······························ 141
4.6.5　测试工业互联网设备数据
　　　　采集系统························ 141

第 5 章　采集西门子 PLC 设备数据 ······················ 149

5.1　工业智能网关的选择················ 149
5.1.1　西门子 PLC 概述 ················ 152
5.1.2　西门子 PLC 的设备信息 ···· 155
5.1.3　西门子 PLC 的数据信息 ···· 156
5.1.4　工业智能网关选型涉及的
　　　　其他信息························ 158
5.2　连接西门子 PLC 和工业智能
　　　网关····································· 160
5.2.1　制作通信电缆····················· 160
5.2.2　检测通信电缆····················· 163
5.2.3　连接通信电缆····················· 164
5.3　工业智能网关的基本参数配置 ··· 166
5.3.1　工业智能网关配置前的
　　　　准备工作························ 167
5.3.2　通过 Web 浏览器登录工业
　　　　智能网关配置界面·········· 167
5.3.3　认识工业智能网关的配置
　　　　界面······························ 168

5.4　配置工业智能网关采集参数······· 170
5.4.1　工业智能网关的系统
　　　　信息配置························ 171
5.4.2　工业智能网关的网络
　　　　配置······························ 171
5.4.3　工业智能网关的数据
　　　　采集配置························ 172
5.5　测试工业互联网设备数据采集
　　　系统····································· 174
5.5.1　测试网络连通性·················· 174
5.5.2　测试数据采集的准确性······· 175
5.5.3　测试数据采集的实时性······· 176
5.5.4　采集数据存储配置及历史
　　　　数据查询························ 177

第 6 章　采集三菱 PLC 数据 ······· 182

6.1　选择工业智能网关···················· 182
6.1.1　三菱 PLC 概述 ···················· 184
6.1.2　三菱 PLC 的设备信息 ········ 188
6.1.3　三菱 PLC 的数据信息 ········ 190
6.1.4　工业智能网关选型涉及的
　　　　其他信息························ 190
6.2　连接三菱 PLC 和工业智能网关··· 193
6.2.1　制作通信电缆····················· 193
6.2.2　检测通信电缆····················· 197
6.2.3　连接通信电缆····················· 197
6.3　配置工业智能网关基本参数······· 201
6.3.1　工业智能网关配置前的
　　　　准备工作························ 202
6.3.2　通过 Web 浏览器登录
　　　　工业智能网关配置界面··· 202
6.3.3　认识工业智能网关的
　　　　配置界面························ 202
6.4　配置工业智能网关采集参数······· 205
6.4.1　工业智能网关的系统
　　　　信息配置························ 206

VII

6.4.2 工业智能网关的网络配置 ······ 206
6.4.3 工业智能网关的数据采集配置 ······ 207
6.5 测试工业互联网设备数据采集系统 ······ 208
6.5.1 测试网络连通性 ······ 209
6.5.2 测试数据采集的准确性 ······ 209
6.5.3 测试数据采集的实时性 ······ 211
6.5.4 采集数据存储配置及历史数据查询 ······ 214
6.6 采集其他 PLC 数据 ······ 218
6.6.1 选择工业智能网关 ······ 219
6.6.2 通信电缆的制作 ······ 222
6.6.3 通信电缆的检测与连接 ······ 223
6.6.4 工业智能网关的参数配置 ······ 225
6.6.5 测试网络连通性 ······ 228
6.6.6 测试数据采集的准确性 ······ 228
6.6.7 采集数据存储配置及历史数据查询 ······ 229

第 7 章 工业互联网设备数据采集系统的故障处理 ······ 235

7.1 工业互联网设备数据采集系统常见故障分类 ······ 235
7.1.1 按数据采集系统发生故障的部件分类 ······ 236
7.1.2 按数据采集系统发生故障的性质分类 ······ 237
7.1.3 按数据采集系统发生故障的原因分类 ······ 238
7.2 故障排除原则与诊断方法 ······ 240
7.2.1 故障排除应遵循的原则 ······ 240
7.2.2 故障诊断与排除的基本方法 ······ 241
7.2.3 故障处理流程 ······ 242
7.3 实训台实训模组常见故障及处理方法 ······ 244
7.3.1 工业传感器模组故障 ······ 244
7.3.2 PLC 模组故障 ······ 246
7.4 工业智能网关的故障处理 ······ 248
7.4.1 工业智能网关的测试方法 ······ 248
7.4.2 工业智能网关的故障现象与处理方法 ······ 249

参考文献 ······ 252

第 1 章
认识工业互联网设备数据采集

工业互联网是新一代信息技术与制造业深度融合的产物,通过对人、机、物的全面互联,连接全要素、全产业链、全价值链,是实现工业经济数字化、网络化、智能化发展的重要基础设施。工业互联网作为数字化转型的关键支撑力量,正在全球范围内不断颠覆传统制造模式、生产组织方式和产业形态。

工业现场数据采集、工业大数据分析、决策反馈到现场回路是工业互联网的典型特征,其中工业现场数据采集是基础。由于企业规模扩大、技术改造深入和市场竞争加剧等因素,在生产过程中不断加入新设备,造成车间制造过程中的数据存在多源异构、形式多样、复杂多变等难题。只有实现工业现场数据实时采集,才能准确、实时地对数据进行传输、分析,实现生产过程优化和智能化决策。

工业数据采集过程包含多类工业设备接入、多种工业通信网络协议解析、多源工业数据格式转换、实时工业数据存储与预处理等多个环节。本章围绕工业互联网设备数据采集应用,设置了认识工业互联网与工业互联网设备数据采集、认识工业现场设备、认识工业数据 3 个工作任务,同学们在完成工作任务的过程中可以了解与工业设备数据采集相关的知识和技能。

1.1 认识工业互联网与工业互联网设备数据采集

任务描述

小刘是一名应届毕业生,他立志成为一名工业互联网设备数据采集工程师。在经过笔试、面试之后,小刘成功找到了一份与自己专业对口的工作。今天是他正式工作的第一天,作为行业新人,公司将小刘安排到了物联网事业部的硬件组,协助张工程师开展相关工作。

为了帮助小刘树立工业互联网设备数据采集工程师的自信心,张工程师并没有着急让他动手干活，而是先让小刘参加新人培训，要求小刘在培训后根据学习资料，谈谈对工业互联网设备数据采集的理解与认识。

本节任务就是和小刘一起从工业互联网的发展历程、工业互联网的体系架构、工业互联网平台的概念与组成部分、工业互联网设备数据采集的概念与组成部分等多个方面认识工业互联网设备数据采集。

学习目标

素质目标：
1）养成科学严谨的工作态度。
2）感受科技发展，树立积极学习的态度。
3）塑造工匠精神。

知识目标：
1）了解工业互联网的发展历程、相关概念和体系架构。
2）理解工业互联网平台的概念。
3）了解工业互联网平台的组成部分。
4）掌握工业互联网设备数据采集的工作内容。

能力目标：
1）能够简述国内外工业互联网的发展历程。
2）能够模拟工业互联网设备数据采集过程。

任务实施

任务实施指引	在教师指引下，各学习小组借助网络查阅工业互联网和工业互联网平台的相关知识，根据任务学习要求进行讨论，最后教师进行补充。利用启发式教学法激发学生的学习兴趣与学习主动性，最终完成认识工业互联网与工业互联网设备数据采集的学习目标

创设情景①

在查阅相关资料并进行讨论之后，请说出工业互联网和工业互联网平台的基本概念，谈谈对工业互联网体系架构1.0和工业互联网体系架构2.0的理解，并将讨论结果整理记录下来。

工业互联网的发展之路。

_____
_____
_____
_____
_____

1.1.1 工业互联网的发展历程

1. 国外工业互联网的发展之路

2014年3月,通用电气(GE)公司联合IBM、思科、英特尔和AT&T公司组建了工业互联网联盟(Industrial Internet Consortion,IIC),将"工业互联网"概念大力推广开来。自IIC成立以来,美国政府及IIC成员的动向一度成为全球工业互联网发展的风向标。在推进策略上,美国更加注重以创新为驱动,发挥互联网、信息通信、软件等方面的优势,利用信息技术"自上而下"重塑制造业。

德国制造业装备领先全球,为应对新一轮科技和产业革命带来的挑战,德国更加注重发挥自身在装备制造、自动化系统、工艺流程等方面的优势,利用互联网等信息技术"自下而上"改造制造业,提出"工业4.0"战略,其本质也是通过连接打通生产机器构成的"真实"世界和互联网构成的"虚拟"世界,基于工业互联网重塑新型生产制造服务体系,提高资源配置效率。

其他国家和地区结合本国和本地区制造业的发展现状及优势,也纷纷出台相关发展战略。英国出台"英国工业2050战略",法国制定"新工业法国"战略,日本提出"互联工业"战略,韩国将机器人、人工智能、自动驾驶和3D打印确立为智能制造产业发展的主攻方向。纵观全球各个主要国家的工业互联网实践,基本形成一条"政府引导、市场主导、企业主体、联盟支撑"的发展道路,在技术攻关、产业布局、资本服务等方面,加大"产、学、研、用"合作力度,形成合力共同推动工业互联网的创新发展。

2. 我国工业互联网的发展现状

当前,全球工业互联网的发展呈现出关键技术加速突破、基础支撑日益完善、融合应用逐渐丰富、产业生态日趋成熟的良好态势,各国面临重大战略机遇。我国是网络大国,也是制造大国,发展工业互联网具备良好的产业基础和巨大的市场空间。在政府引导和各产业方的积极推进下,我国工业互联网政策体系不断完善,功能体系加快构建,融合应用创新活跃,产业生态逐步形成。

自2017年以来,我国发布了一系列推进工业互联网发展的政策和措施,"中央部署、地方推进、企业响应"的工业互联网全方位发展的良好格局基本形成。在各项政策的积极推动下,我国工业互联网行业市场规模逐年扩大。

工业和信息化部对工业互联网相关政策的解读汇总如图1-1所示。

2020年3月,中央明确指示要加快推进国家规划已明确的重大工程和基础设施建设,其中要加快5G网络、数据中心等新型基础设施建设(即新基建)的进度。相比传统基建,新基建是立足于高新科技的基础设施建设,工业互联网则占据了新基建七大领域的一席之地。2020年3月20日,工业和信息化部发布《工业和信息化部办公厅关于推动工业互联网加快发展的通知》,提出推动工业互联网在更广范围、更深程度、更高水平上的融合创新,培植壮大经济发展新动能,支撑实现高质量发展。

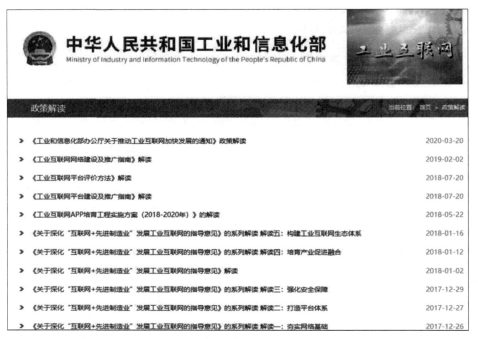

图 1-1　工业和信息化部对工业互联网相关政策的解读汇总

1.1.2　工业互联网的体系架构

1. 工业互联网体系架构 1.0

2016 年，工业互联网产业联盟（Alliance of Industrial Internet，AII）发布了《工业互联网体系架构（版本 1.0）》，推动产业各界对工业互联网在认识层面的统一，为开展工业互联网实践提供了参考依据。工业互联网体系架构 1.0 如图 1-2 所示。

工业互联网体系架构 1.0 提出工业互联网络、数据、安全三大核心体系，其中网络是工业数据传输交换和工业互联网发展的基础，数据是工业智能化的核心驱动，安全是网络与数据在工业中应用的重要保障。基于这三大核心体系，工业互联网重点构建三大优化闭环，即面向机器设备运行优化的闭环，面向生产运营决策优化的闭环，以及面向企业协同、用户交互与产品服务优化的全产业链、全价值链的闭环，并进一步形成智能化生产、网络化协同、个性化定制、服务化延伸四大应用模式。

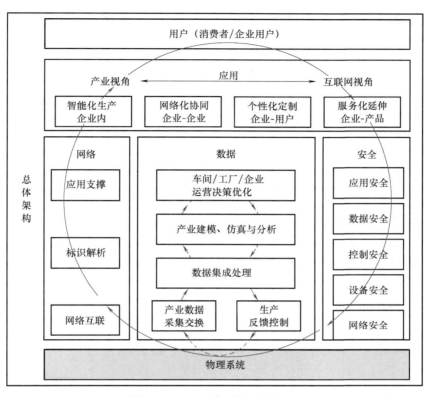

图 1-2　工业互联网体系架构 1.0

2. 工业互联网体系架构 2.0

在发展和演进的同时,工业互联网体系架构 2.0 充分继承了工业互联网体系架构 1.0 的核心思想,强化了在技术解决方案开发与行业应用推广方面的实施指导性,更好地支撑了我国工业互联网下一阶段的发展。工业互联网体系架构 2.0 如图 1-3 所示。

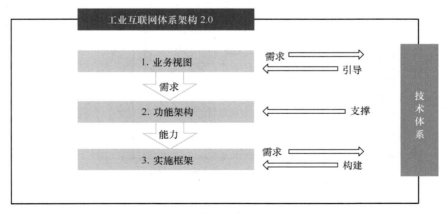

图 1-3　工业互联网体系架构 2.0

工业互联网体系架构 2.0 包括业务视图、功能架构、实施框架三大版块,形成以商业目标和业务需求为牵引,进而明确系统功能定义与实施部署方式的设计思路,自上而下层层细化和深入。

业务视图：定义工业互联网产业目标、商业价值、应用场景和数字化能力，体现工业互联网关键能力与功能，并为功能架构提供导向。

功能架构：明确支撑业务实现的功能，包括基本要素、功能模块、交互关系和作用范围，体现网络、平台、安全三大功能体系在设备、系统、企业、产业中的作用与关系，并导出实施框架。

实施框架：描述实现功能的软硬件部署，明确系统实施的层级结构、承载实体、关键软硬件和作用关系，以网络、标识、平台与安全为核心实施要素，体现设备、边缘、企业、产业各层级中工业互联网的软硬件和应用。

工业互联网功能架构如图 1-4 所示。工业互联网的核心功能是基于数据驱动的物理系统与数字空间全面互联、深度协同，以及在此过程中的智能分析与决策优化。通过网络、平台、安全三大功能体系，工业互联网全面打通设备资产、生产系统、管理系统和供应链，基于数据整合与分析，实现信息技术（Information Technology，IT）与操作技术（Operation Technology，OT）的融合和三大体系的贯通。工业互联网以数据为核心，数据功能体系主要包含感知控制、数字模型、决策优化 3 个基本层次，以及一个由自下而上的信息流和自上而下的决策流构成的工业数字化应用优化闭环。

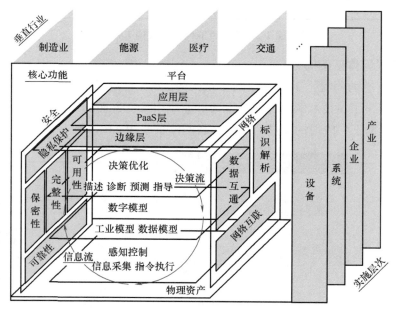

图 1-4　工业互联网功能架构

1.1.3　工业互联网平台的概念与组成部分

1. 工业互联网平台的概念

工业互联网平台是面向制造业数字化、网络化、智能化需求，构建基于海量数据采集、汇聚、分析的服务体系，支撑制造资源泛在连接、弹性供给、高效配置的工业云平台，包括边缘层（数据采集）、平台层（工业 PaaS 层）、应用层（工业 SaaS 层）3 个关键功能组成部分。

以上所说的 PaaS 层、SaaS 层，都需要服务器设备、云服务等承载其全部的计算、存储需求，这个承载体就是基础设施即服务层（Infrastructure as a Service，IaaS）。另外，原本封闭的设备在联网之后必然会面临很多网络安全问题，因此还需要工业安全防护层来贯穿整个工业互联网平台架构。

2. 工业互联网平台的组成部分

工业互联网平台体系框架如图 1-5 所示。

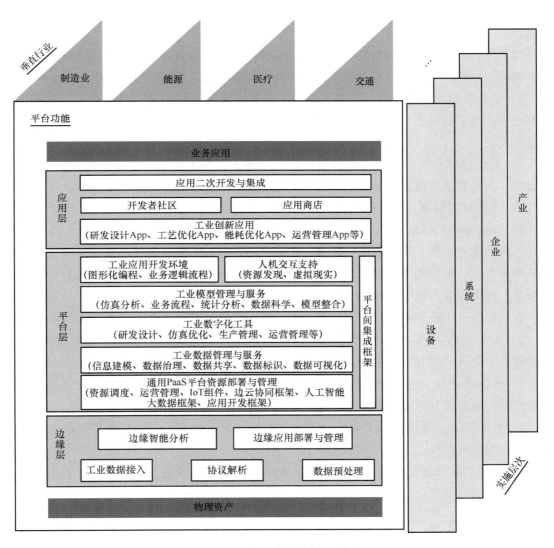

图 1-5　工业互联网平台体系框架

边缘层提供海量工业数据接入、协议解析与数据预处理和边缘分析应用等功能。

1）海量工业数据接入，包括机器人、机床、高炉等工业设备数据接入能力，以及企业资源计划（Enterprise Resource Planning，ERP）、制造执行系统（Manufacturing Execution System，MES）、仓库管理系统（Warehouse Management System，WMS）等信息系统数据接入能力，实现对各类工业数据的大范围、深层次采集和连接。

2）协议解析与数据预处理，将采集的各类多源异构数据进行格式统一和语义解析，并在进行数据剔除、压缩、缓存等操作后，传输至云端数据应用分析系统。

3）边缘分析应用，重点面向高实时应用场景，在边缘侧开展实时分析与反馈控制，并提供边缘应用开发所需的资源调度、运行维护、开发调试等各类功能。

平台层提供IT资源管理、工业数据与模型管理、工业建模分析和工业应用创新等功能。

1）IT资源管理，包括通过云计算、PaaS等技术对系统资源进行调度和运维管理，并可集成边云协同、大数据、人工智能、微服务等各类框架，为上层业务功能提供支撑。

2）工业数据与模型管理，包括向海量工业数据提供数据治理、数据共享、数据可视化等服务，为上层建模分析提供高质量数据源，以及进行工业模型的分类、标识、检索等集成管理。

3）工业建模分析，融合应用仿真分析、业务流程等工业机理建模方法和统计分析、大数据、人工智能等数据科学建模方法，实现工业数据价值的深度挖掘分析。

4）工业应用创新，集成计算机辅助设计（Computer Aided Design，CAD）、计算机辅助工程（Computer Aided Engineering，CAE）、ERP、MES等研发设计、生产管理、运营管理已有的成熟工具，采用低代码开发、图形化编程等技术降低开发门槛，支撑业务人员独立开展高效、灵活的工业应用创新。另外，为了更好地提升用户体验和实现平台间的互联互通，还需考虑人机交互支持、平台间集成框架等功能。

应用层提供工业创新应用、开发者社区、应用商店、应用二次开发与集成等功能。

1）工业创新应用，针对研发设计、工艺优化、能耗优化、运营管理等智能化需求，构建各类工业App应用解决方案，帮助企业实现提质、降本、增效。

2）开发者社区，打造开放的线上社区，提供各类资源工具、技术文档、学习交流等服务，吸引海量第三方开发者入驻工业互联网平台，开展应用创新。

3）应用商店，提供成熟工业App的上架认证、展示分发、交易计费等服务，支撑实现工业应用价值变现。

4）应用二次开发与集成，对已有工业App进行定制化改造，以适配特定工业应用场景或是满足用户个性化需求。

创设情景②

请同学们在教师的引导下观看实训室的某个数据采集过程，并模仿操作，将数据采集过程写在下方空白处。

你眼中的工业互联网设备数据采集过程。

_____

_____

_____

1.1.4 工业互联网设备数据采集的概念与组成部分

1. 工业互联网设备数据采集的概念

工业互联网设备数据采集即利用泛在感知技术对多源设备、异构系统、运营环境、人等要素信息进行实时高效采集和云端汇聚。

工业互联网设备数据采集对应工业互联网平台体系架构中的边缘层。通过各类通信手段接入不同设备、系统和产品，采集大范围、深层次的工业数据，以及异构数据的协议转换与边缘处理，共同构建工业互联网平台的数据基础。

本任务提出的工业互联网设备数据采集是工业数据采集概念的子集，主要指工业现场设备的数据采集。

2. 工业互联网设备数据采集的体系架构

工业互联网设备数据采集的体系架构如图 1-6 所示，包括设备接入、协议转换、边缘数据处理 3 层，向下接入工业现场设备或智能产品/装备，向上与工业互联网平台/工业应用系统对接。图 1-6 标注了工业互联网设备数据采集在此体系架构中的位置。

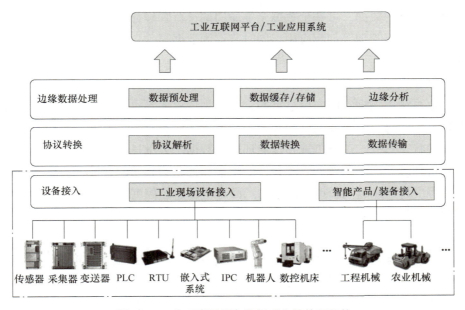

图 1-6 工业互联网设备数据采集的体系架构

设备接入：通过工业以太网、工业光纤网络、工业总线、4G/5G、窄带物联网（Narrow Band Internet of Things，NB-IoT）等各类有线和无线通信技术，接入各种工业现场设备、智能产品/装备，采集工业数据。

协议转换：一方面运用协议解析与转换、中间件等技术兼容 Modbus、CAN、PROFINET 等各类工业通信协议，实现数据格式转换和统一；另一方面利用消息队列遥测传输（Message Queuing Telemetry Transport，MQTT）协议等方式将采集的数据传输到云端数据应用分析系统或数据汇聚平台。

边缘数据处理：基于高性能计算、实时操作系统、边缘分析算法等技术支撑，在靠近设备或数据源头的网络边缘侧进行数据预处理、存储及智能分析，提升操作响应灵敏度，消除网络堵塞，并与云端数据分析形成协同。

3. 工业互联网设备数据采集的特点

（1）连接性

连接是工业互联网设备数据采集的基础，所连接物理对象及应用场景具有多样性，如各种网络接口、网络协议、网络拓扑、网络部署与配置、网络管理与维护，需要工业互联网设备数据采集具备丰富的连接功能。连接需要充分借鉴吸收网络领域的先进研究成果，如时间敏感网络（Time Sensitive Network，TSN）、软件定义网络（Software Defined Network，SDN）、网络功能虚拟化（Network Functions Virtualization，NFV）、WLAN、NB-IoT、5G 等，同时还要考虑与现有各种工业总线的互联互通。

（2）数据第一入口

工业互联网设备数据采集作为物理世界到数字世界的桥梁，是数据的第一入口，拥有大量、实时、完整的数据，可基于数据全生命周期进行管理与价值创造，将更好地支撑预测性维护、资产性能管理等创新应用。同时，作为数据第一入口，工业互联网设备数据采集也面临着数据实时性、确定性、多样性等挑战。

（3）数据量大

随着工业系统由物理空间向信息空间、从可见世界向不可见世界延伸，工业数据采集范围不断扩大；同时工业企业的生产线处于高速运转状态，由工业设备所产生、采集和处理的包括设备状态参数、工况负载和作业环境等数据的数量呈现爆发式增长，远大于工业企业中计算机和人工产生的数据。随着智能制造和物联网技术的发展，产品制造阶段少人化、无人化程度将越来越高，运维阶段的产品运行状态监控度不断提升，人类未来产生的数据规模的比重降低，机器产生的数据将出现指数级增长。

（4）实时性

生产线的高速运转、精密生产和运动控制等场景对数据采集的实时性要求不断提高，重要信息需要实时采集和上传，以满足生产过程的实时监控需求。

工业系统不仅要求数据采集速度快，还要求数据处理速度快，特别是针对传感器产生的海量时间序列数据，数据写入速度达到每秒百万数据点，甚至每秒千万数据点，而且数据采集模块还要将数据通过有线、无线网络实时传送至系统集成模块，实现企业业务决策的实时性,也就是"工业4.0"所强调的基于纵向、横向、端对端信息集成的快速反应。

(5)融合性

操作技术(OT)与信息技术(IT)、通信技术(Communication Technology,CT)的融合是工业数字化转型的重要基础。工业互联网设备数据采集作为OICT(即OT、IT与CT)融合与协同的关键承载,需要支持连接、管理、控制、应用、安全等方面的协同。工业互联网设备数据采集既需要OT提供工厂中各种工业流程和机器的控制技术,保证工业环境的高可靠性,又需要IT支持工厂中大量数据分析和促进工业生产数字化和智能化,也需要CT能够提供可靠、快速和低成本的传输,实现工业连接。

(6)多种工业协议并存

工业软硬件系统本身具有较强的封闭性和复杂性,不同设备或系统的数据格式、接口协议都不相同,甚至同一设备同一型号的不同时间出厂的产品所包含的字段数量与名称也会有所差异,数据无法共享。工业互联网设备数据采集领域存在PROFIBUS、Modbus、CAN、LonWorks、HART、PROFINET、EtherNet/IP、Modbus TCP、EtherCAT等多种工业通信协议标准,各种协议标准不统一。

4. 工业互联网设备数据采集方式

在工业互联网设备数据采集层,一般会遇到以下4种数据采集情况。

(1)设备具有通信接口,直接与系统对接

对于生产设备信息化程度较高的数据采集来说,设备自有的通信接口协议(如串口、以太网等),可实现与上位机通信并实时采集数据,在没有中间设备参与的情况下,可直接与局域网及系统平台打通,实现实时通信。

(2)工业网关直接采集设备数据

目前大多数PLC和CNC设备的数据以工业网关采集为主,因为这类设备不具备以太网通信接口模块,也不支持二次增加以太网通信接口,因此通过工业网关与设备的RS485/RS232接口连接,可以实现设备数据的采集及上报。

(3)通过I/O模块进行数据采集

对于传统的物理设备来说,I/O模块与设备联网可以采集设备的相关参数数据,再将参数数据转换为网络数据,通过网络实时上传至系统平台。

(4)安装传感器实现数据采集

一些特别陈旧的物理设备既没有接口也没有自动化数据采集条件,可以通过外装传感器的方式实现数据采集,再通过网关设备进行统一汇总,上报至系统平台。

任务考核

认识工业互联网设备数据采集考核见表1-1,结合小组的任务实施情况,对每名学生进行任务实施考核。考核过程参照工业互联网设备数据采集1+X职业技能等级证书制度试点要求,并将结果记录在表1-1中。学生进行互评,再请教师复评。通过任务实施评价,各小组之间、学生之间可以通过分享实施过程,相互借鉴经验。

表 1-1　认识工业互联网设备数据采集考核

班级：　　　　　　　　　　　　　姓名：
小组：　　　　　　　　　　　　　学号：

项目		要　　求	应　得　分		得分	备注
任务实施	信息收集	能够收集重点行业的制造流程或环节信息	方法、途径	20		
	信息处理	能够描述工业互联网设备数据采集体系架构的发展	准确率、速度	20		
	表达能力	能够说明工业互联网的发展过程	文字组织、沟通	20		
任务评价	小组互评	从信息获取、信息处理、文字组织、工作态度、职业素养、个人修养等方面进行评价	20			
	教师评价	从信息获取、信息处理、文字组织、工作态度、职业素养、团队合作等方面进行评价	20			
合计						
经验总结						

课后活动

一、填空题

1. 纵观全球各主要国家的工业互联网实践，基本形成一条＿＿＿＿、＿＿＿＿、企业主体、＿＿＿＿的发展道路。
2. 自＿＿＿＿年以来，我国发布了一系列推进工业互联网发展的政策和措施，形成＿＿＿＿、地方推进、＿＿＿＿的工业互联网全方位发展的良好格局。
3. 工业互联网的三大功能体系是＿＿＿＿、＿＿＿＿、＿＿＿＿。

二、问答题

1. 简要阐述工业互联网的三大核心体系的内容。
2. 简要阐述工业互联网平台的组成。

1.2 认识工业现场设备

任务描述

学习了工业互联网设备数据采集相关知识后，按照张工程师的要求，第二天上班时，小刘将心得体会和自己在学习过程中整理的文档一并交给了张工程师。

张工程师看完之后表示很满意，他对小刘说："最近我们公司与某工厂刚好有一个工业互联网设备数据采集项目，你跟着我一起去实施。但在实施之前，你还需要认识工业互联网现场的各类设备。"

本任务就是介绍工业互联网设备数据采集过程中用到的现场设备，了解它们的作用。下面就让我们和小刘一起来完成任务吧。

素质目标：

1）养成科学严谨的工作态度。

2）体验数据采集过程的复杂程度，增强责任感。

3）培养劳动精神。

知识目标：

1）能说明工业的概念和意义。

2）能描述工业行业的主要分类。

3）能归纳工业现场设备的主要类型。

能力目标：

1）能够按照常用的分类方法描述一些典型的工业行业。

2）能够正确识别工业现场设备。

3）能够解释常用工业现场设备的作用。

任务实施指引	在教师的安排下，各学习小组通过头脑风暴讨论常见的工业行业，并说出它们的分类。然后教师给出一些常用的工业现场设备，介绍设备相应的名称和作用。学生通过任务学习能够熟悉常用的工业现场设备。教师通过启发式教学法激发学生的学习兴趣与学习主动性

通过头脑风暴，说说你了解的工业行业，并完成表 1-2 的填写。

表 1-2 你了解的工业行业

序　号	行业名称	工业分类及特点
1		
2		
3		
4		
5		

1.2.1 工业概述

1. 工业的概念

工业（Industry）是指采集原料，并把它们加工成产品的社会物质生产部门。工业是社会分工发展的产物，一般分为手工业、机器大工业、现代工业 3 个发展阶段。典型工业行业——冶炼行业现场如图 1-7 所示。

2. 工业的地位

工业是唯一生产现代化劳动手段的部门，它决定着国民经济现代化的速度、规模和水平，在当代世界各国的国民经济中起着主导作用。工业还为自身和国民经济其他各

图 1-7　冶炼行业现场

个部门提供原材料、燃料和动力，为人民物质文化生活提供工业消费品，它还是国家财政收入的主要来源，是国家经济自主、政治独立、国防现代化的根本保证。

1.2.2 工业行业的主要分类

根据工业产品单位体积的相对重量，工业可划分为重工业和轻工业两大类。

1. 重工业

重工业是指为国民经济各部门提供物质技术基础的主要生产资料的工业。按生产性质和产品用途，重工业可以分为以下 3 类。

（1）采掘（伐）工业

采掘（伐）工业是指对自然资源开采的工业，包括石油开采、煤炭开采、金属矿开采、非金属矿开采和木材采伐等工业。石油开采如图 1-8 所示。

图 1-8　石油开采

（2）原材料工业

原材料工业是指向国民经济各部门提供基本材料、动力和燃料的工业，包括金属冶炼及加工、炼焦及焦炭、化学化工原料、水泥、人造板及电力、石油和煤炭加工等工业。金属冶炼如图1-9所示。

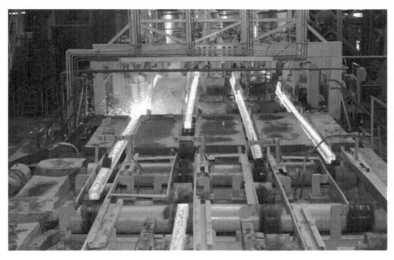

图1-9 金属冶炼

（3）加工工业

加工工业是指对工业原材料进行再加工制造的工业，包括装备国民经济各部门的机械设备制造加工、金属结构与水泥制品制造加工，以及为农业提供生产资料的化肥、农药制造加工等工业。汽车组装加工如图1-10所示。

图1-10 汽车组装加工

2. 轻工业

轻工业主要是指提供生活消费品和制作手工工具的工业。

按使用原料的不同，轻工业可分为以下两大类。

（1）以农产品为原料的轻工业

以农产品为原料的轻工业是指直接或间接以农产品为基本原料的轻工业，主要包括食品制造、饮料制造、烟草加工、纺织、缝纫、皮革和毛皮制作、造纸及印刷等工业。纺织业车间如图1-11所示。

图1-11　纺织业车间

（2）以非农产品为原料的轻工业

以非农产品为原料的轻工业是指以工业品为原料的轻工业，主要包括文教体育用品制造、化学药品制造、合成纤维制造、日用化学制品制造、日用玻璃制品制造、日用金属制品制造、手工工具制造、医疗器械制造、文化和办公用品机械制造等工业。制药工业车间如图1-12所示。

图1-12　制药工业车间

> 📝 随堂笔记

💡 创设情景②

通过讨论学习，介绍你认识的工业现场设备，并说明它们的作用和应用场合，最后将结果填写在表 1-3 中。

表 1-3 你了解的工业现场设备

序 号	现场设备名称	作用及应用场合
1		
2		
3		
4		
5		
6		
7		

1.2.3 工业现场设备的主要类型

考虑工业互联网设备接入和数据采集的特点，工业现场设备可分为 3 类，即专用采集设备、通用控制设备和专用智能设备/装备。

1. 专用采集设备

专用采集设备包含传感器、变送器、手持数据采集器等，特点是设备单一，采集数据种类单一。

（1）传感器

传感器是一种能把特定的信息（物理、化学、生物信息）按一定规律转换成某种可用信号并输出的器件和装置。光电传感器和噪声传感器如图 1-13 所示。

（2）变送器

变送器是一种把传感器的输出信号转变为可被控制器识别的信号（或者将传感器输入的非电量信号转换成电信号同时放大以便供远方测量和控制）的转换器。温湿度变送器如图 1-14 所示。

图 1-13 光电传感器和噪声传感器

图 1-14 温湿度变送器

（3）手持数据采集器

手持数据采集器又称盘点机。它是将条码扫描装置、射频识别（Radio Frequency Identification，RFID）技术与数据终端一体化，带有电池可离线操作的终端计算机设备，具备实时采集、自动存储、即时显示、即时反馈、自动处理、自动传输等功能。手持数据采集器扫码示意图如图 1-15 所示。

2. 通用控制设备

通用控制设备包含可编程序逻辑控制器、远程终端单元、嵌入式系统、工业控制计算机等。

（1）可编程序逻辑控制器

可编程序逻辑控制器（PLC）采用一种可编程序的存储器，在其内部存储执行逻辑运算、顺序控制、定时、计数和算术运算等操作指令，通过数字式或模拟式的输入/输出来控制各种类型的机械设备或生产过程。PLC 示意图如图 1-16 所示。

图 1-15 手持数据采集器扫码示意图

图 1-16 PLC 示意图

（2）远程终端单元

远程终端单元（RTU）是一种针对通信距离较长和工业现场环境恶劣而设计的具有模块化结构的、特殊的计算机测控单元。远程终端单元示意图如图 1-17 所示。

图 1-17　远程终端单元示意图

（3）嵌入式系统

嵌入式系统是以应用为中心，以现代计算机技术为基础，能够根据用户需求（功能、可靠性、成本、体积、功耗、环境等）灵活裁剪软硬件模块的专用计算机系统。

（4）工业控制计算机

工业控制计算机（IPC）简称工控机，主要用于工业过程测量、控制、数据采集等工作。工控机如图 1-18 所示。

图 1-18　工控机

3. 专用智能设备 / 装备

专用智能设备 / 装备包含机器人、数控机床、自动引导小车等。

（1）机器人

机器人是一种能够半自主或全自主工作的智能机器，具有感知、决策、执行等基本特征，可以辅助甚至替代人类完成危险、繁重、复杂的工作，提高工作效率与质量，服务人类生活，扩大或延伸人的活动范围。

（2）数控机床

数控机床是数字控制机床的简称，是一种装有程序控制系统的自动化机床。该控制系统能够处理具有控制编码或其他符号指令规定的程序，并将其译码用代码化数字表示，通过信息载体输入数控装置。数控机床如图 1-19 所示。

（3）自动引导小车

自动引导小车（Automated Guided Vehicle，AGV）是指装备有电磁或光学等自动导航装置，能够沿规定的导航路径行驶，具有安全保护及各种移载功能的运输车。AGV 如图 1-20 所示。

图 1-19　数控机床

图 1-20　AGV

随堂笔记

_____
_____
_____
_____

任务考核

认识工业现场设备考核见表 1-4，结合小组的任务实施情况，对每名学生进行任务实施考核。考核过程参照 1+X 证书制度试点要求，并将结果记录在表 1-4 中。学生进行互评，再请教师复评。通过任务实施评价，各小组之间、学生之间可以通过分享实施过程，相互借鉴经验。

表 1-4　认识工业现场设备考核

项　目		要　求	应　得　分		得分	备注
任务实施	工业分类	能够区分工业所属行业	准确率	10		
			完整性	5		
	工业设备认知	能够识别重点行业的制造流程或环节中涉及的重点设备	准确率	15		
			完整性	5		
	信息化建设	能够收集并评估工业领域至少两类重点行业信息化建设的基本要求	准确率	20		
			完整性	5		
任务评价	小组互评	从信息获取、信息处理、分析归纳、工作态度、职业素养等方面进行评价	20			
	教师评价	从信息获取、信息处理、分析归纳、工作态度、职业素养等方面进行评价	20			
合计						
经验总结						

课后活动

一、填空题

1. 工业是指_____，并把它们加工成产品的_____。工业是社会分工发展的产物、一般分为_____、_____、现代工业 3 个发展阶段。

2. 工业是唯一_____的部门，它决定着_____的速度、规模和水平，在当代世界各国国民经济中起着_____作用。

3. 根据工业产品单位体积的相对重量，工业可划分为_____、_____两大类，其中重工业可以分为 3 类：_____，轻工业可以分为两类：_____。

4. 专用采集设备包括_____、_____、手持数据采集器等，特点是_____，采集数据种类单一。

二、问答题

1. 简述工业的概念和意义。
2. 简述工业行业的主要分类。
3. 简述常用工业现场设备的作用。

1.3 认识工业数据

任务描述

通过对工业背景和工业现场设备的学习和了解，小刘对要采集的工业数据也产生了浓厚的兴趣，于是他问张工程师："张工，我想知道我们的项目主要会有哪些工业数据，它们的协议和总线又是怎样的呢？"

本任务通过学习和讨论来了解工业数据的分类和应用。下面就让我们和小刘一起来完成任务吧。

学习目标

素质目标：
1）讨论工业数据的分类，养成科学严谨的工作态度。
2）感受工业数据的应用，增强责任感。
3）培养安全意识。

知识目标：
1）说明工业数据的概念和分类。
2）归纳工业数据信号的输出形式。
3）了解工业现场设备数据互通的意义。
4）归纳工业现场设备数据的采用频率。

能力目标：
1）能够按照常用的分类方法对工业数据进行分类。
2）能够正确解释工业数据信号的输出形式。
3）能够识别工业现场设备数据互通的需求。
4）能够理解工业现场设备数据的采样频率。

任务实施

任务实施指引	在教师的安排下，各学习小组通过头脑风暴讨论常见的工业数据，并说说它们的分类。然后教师提示一些工作中的控制场景，学生们讨论控制过程中使用了哪些信号，以及工业数据信号的输出形式。学生通过任务学习能够熟悉工业数据种类及分类。教师通过启发式教学法激发学生的学习兴趣与学习主动性

创设情景①

通过头脑风暴,说说自己了解的工业数据,并完成表1-5的填写。

表1-5 你了解的工业数据

序 号	工 业 数 据	工业数据分类及特点
1		
2		
3		
4		
5		
6		

1.3.1 工业数据的概念和适用范围

工业数据是工业领域产品和服务在全生命周期产生和应用的数据,广义上包括但不限于工业企业在研发设计、生产制造、经营管理、运维服务等环节中生成和使用的数据,以及工业互联网平台企业(以下简称平台企业)在设备接入、平台运行、工业App应用等过程中生成和使用的数据。

本书中使用的是狭义概念上的工业数据,即在工业生产活动中,由工业现场设备所产生的设备状况、工艺参数等工业生产数据。

工业和信息化部办公厅在2020年2月27日印发的《工业数据分类分级指南(试行)》(以下简称《指南》)中指出,根据不同类别工业数据遭篡改、破坏、泄露或非法利用后,可能对工业生产、经济效益等带来的潜在影响,将工业数据分为一级、二级、三级3个级别。

1)潜在影响符合下列条件之一的数据为三级数据:易引发特别重大生产安全事故或突发环境事件,或造成的直接经济损失特别巨大;对国民经济、行业发展、公众利益、社会秩序乃至国家安全造成严重影响。

2)潜在影响符合下列条件之一的数据为二级数据:易引发较大或重大生产安全事故或突发环境事件,给企业造成较大负面影响,或直接经济损失较大;引发的级联效应明显,影响范围涉及多个行业、区域或者行业内的多个企业,或影响持续时间长,或导致大量供应商、客户资源被非法获取或大量个人信息泄露;恢复工业数据或消除负面影响所需付出的代价较大。

3)潜在影响符合下列条件之一的数据为一级数据:对工业控制系统及设备、工业互联网平台等正常生产运行的影响较小;给企业造成的负面影响较小,或直接经济损失较小;受影响的用户和企业数量较少、生产生活区域范围较小、持续时间较短;恢复工业数据或消除负面影响所需付出的代价较小。

参考《指南》相关要求,工业企业的工业数据分类维度包括但不限于以下几类:

1)研发数据域(研发设计数据、开发测试数据等)。
2)生产数据域(控制信息、工况状态、工艺参数、系统日志等)。
3)运维数据域(物流数据、产品售后服务数据等)。
4)管理数据域(系统设备资产信息、客户与产品信息、产品供应链数据、业务统计数据等)。
5)外部数据域(与其他主体共享的数据等)。

同时,平台企业的工业数据分类维度包括但不限于以下几类:

1)平台运营数据域(物联采集数据、知识库模型库数据、研发数据等)。
2)企业管理数据域(客户数据、业务合作数据、人事财务数据等)。

根据常见工业数据的来源这一维度,可将工业数据进行分类。工业数据按来源分类见表1-6。

表1-6 工业数据按来源分类

来源	数据类型	典型系统	数据结构	数据特点	实时性
管理系统	设计资料	产品模型、图样文档	半结构化/非结构化	类型各异,更新不频繁,属于企业核心数据	批量导入
	价值链管理数据	供应链管理、客户关系管理	半结构化/非结构化	没有严格的时效性要求,需要定期同步	批量导入
	资源管理	ERP、MES、PLM[①]、资源环境管理系统、仓库管理系统、能源管理系统	结构化	没有严格的时效性要求,需要定期同步	批量导入
生产系统	工业控制系统数据	DCS[②]、PLC	结构化	需要实时监控,实时反馈控制	实时采集
	生产监控数据	SCADA[③]	结构化	包含实时数据和历史数据	实时采集、批量导入
	各类传感器数据	外挂式传感器、条码、射频识别	结构化	单条数据量小,并发度大,结合IoT网关	实时采集
	其他外部装置数据	视频摄像头	非结构化	数据量大、低时延,要求网络带宽和时延	实时采集
外部系统	外部数据	相关行业、法规、市场、竞品、环境数据	非结构化	数据变化较小,定期更新	批量导入

① PLM(Product Lifecycle Management)为产品生命周期管理。
② DCS(Distributed Control System)为分布式控制系统。
③ SCADA(Supervisory Control And Data Acquisition)为数据采集与监视控制系统。

创设情景②

通过头脑风暴,说说自己了解的工业生产控制小场景,然后说说涉及哪些工业数据信号输出形式,并完成表1-7的填写。

表 1-7 你了解的工业数据信号输出形式

序　号	工业数据信号	工业数据信号的输出形式
1		
2		
3		
4		
5		
6		
7		

1.3.2 工业数据信号的输出形式

工业数据信号的输出形式大致分为 4 类：开关量、模拟量、数字量、脉冲量。

（1）开关量

开关量可以是通断信号、无源信号，电阻测试法测得电阻为 0 或无穷大；也可以是有源信号，即阶跃信号，就是 0 或 1，可以理解为脉冲量，多个开关量可以组成数字量。

（2）模拟量

模拟量是指一些连续变化的物理量，如电压、电流、压力、速度、流量等信号量。模拟信号是幅度随时间连续变化的信号，通常电压信号为 0~10V，电流信号为 4~20mA，可以用 PLC 的模拟量模块进行数据采集。模拟量模块是 PLC 控制中的一部分，模拟量种类一般有电压型（0~10V）和电流型（4~20mA）两种。电流型相比电压型更稳定，抗干扰能力较强。

（3）数字量

数字量在时间和数值上都是断续变化的离散信号，通常所说的数字量是由 0 和 1 组成的信号类型，是经过编码后的有规律的信号。

（4）脉冲量

脉冲量是在瞬间电压或电流由某一值跃变到另一值的信号量。在量化后，脉冲量如果连续规律地变化，就是数字量，如果它由 0 变成某一固定值并保持不变，那么它就是开关量。

1.3.3 工业应用场景的设备数据互通

工业领域的典型应用场景如图 1-21 所示，可分为 5 大类，20 余种小类。

常见的与工业数据采集需求相关的应用场景包括以下几种：

1）直接连接设备或部署传感器，可以实现环境信息、设备信息的收集和检测。

2）直接连接或通过 PLC 设备，可以实现各种设备的操控。

3）连接 RFID 或其他硬件，可以实现工业产品、工艺步骤的辨识。

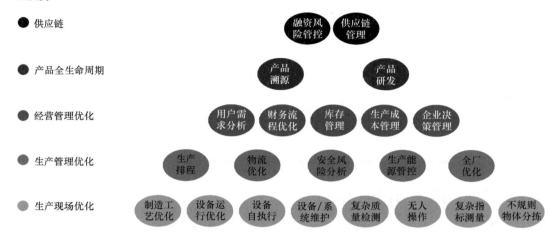

图 1-21 工业领域的典型应用场景

4)监测信息的分析,可以实现工业制造业中的产品、设备诊断等。

2020年5月,工业和信息化部发布《工业和信息化部关于工业大数据发展的指导意见》,指出要加快数据汇聚。一是推动工业数据全面采集。支持工业企业实施设备数字化改造,升级各类信息系统,推动研发、生产、经营、运维等全流程的数据采集。支持重点企业研制工业数控系统,引导工业设备企业开放数据接口,实现数据全面采集。二是加快工业设备互联互通。持续推进工业互联网建设,实现工业设备全连接。加快推动工业通信协议兼容统一,打破技术壁垒,形成完整贯通的数据链。

在数据联网过程中一般会面临以下问题:

1)设备多而杂。设备的种类多、组网协议多、工业协议多、接口多,而想要解决这些问题,不仅需要找到好的网关,还需要专业的工业互联网数据采集工程师,因为一个项目、一个平台会接触不同的设备、不同的协议和接口。

2)数据安全性。工业数据的安全性也是必须要考虑的问题,为了避免黑客攻击、病毒危害,保障平台系统的安全运行,在进行数据采集时,必须做好数据加密工作。

3)成本问题。不同的厂商进行数字化转型时,有的只需要开发个性化平台,有的需要工业网关采集设备数据,但是部分中小型企业的设备连采集数据的条件都没有,设备升级、调试的成本都非常高。

想要解决以上问题,实现工业设备互联互通,需要做到以下几点:①让工业设备自己"说话",让我们获取每个环节的真实数据。真实数据是驱动工业互联网的基础,可使生产、管理效率得到提升;②减少从生产到销售再到使用的中间环节,借助信息化穿透,消除信息的不对称。让制造过程产生真实数据,通过网络进行连接,传递分享给所有业务链上的主体,有效打通信息壁垒,最终让信息在消费者和生产者之间直接传递。

实现工业设备的互联互通,一方面要运用协议解析与转换、中间件等技术兼容

Modbus、CAN、PROFINET 等各类工业通信协议，实现数据格式转换和统一；另一方面要利用 MQTT 等方式将采集到的数据传输到云端数据应用分析系统或数据汇聚平台。

通过互联网设备数据传输机构、设备相关功能部件数据采集、加工数据采集等，实现设备的加工状态监控和生产过程监控，并根据采集到的数据建立各种应用模型，实现数据的深度应用。

1.3.4 工业互联网设备的数据采样频率

1. 采样频率

采样频率也称采样速度或者采样率，定义了单位时间内从连续信号中提取并组成离散信号的采样个数，单位为赫兹（Hz）。通俗地讲，采样频率是指计算机单位时间内能够采集多少个信号样本。采样频率的倒数是采样周期（采样时间），它是采样之间的时间间隔。

2. 采样频率的确定

对于采样频率的不同，常见的情况是服务端需要的采样频率要比原始数据的采样频率低。一般采取再采样的方式来处理这种情况。

简单的处理方式可以是在网关中利用一个缓存来存放该数据，一个任务不断地以来自设备的频率写入该数据的值，而另一个任务以需要发送的频率来读取该设备的值即可。如果对原始数据的确切采集时间有较为严格的要求，可以在读取任务的过程中根据时间戳来进行适当的插值计算。另一种处理方式是在网关上不做任何关于采样频率的处理，而是交由服务端处理，但是这种处理方式会增加服务端和网络层的压力。

可以根据系统对设备数据需求的重要程度来确定采样频率，对于实时性要求比较高的数据，需要提高采样频率；对于实时性要求不高的数据，可以降低采样频率。

3. 特定场景下的采样周期列表

不同传感器、PLC 工业采集现场的采样周期（推荐）见表 1-8。这是根据工程师多年工业现场实施经验总结出来的，后面章节关于采样周期的设置可以参考此表。

表 1-8 不同传感器、PLC 工业采集现场的采样周期（推荐）

序 号	名 称	采样周期
1	振动传感器	50~500ms/次
2	压力传感器	100~1000ms/次
3	电流传感器	100~500ms/次
4	温湿度（工艺）	1~5s/次
5	温湿度（环境）	5min/次
6	PLC	300~5000ms/次
7	数控系统	1~5s/次

任务考核

认识工业数据考核见表1-9，结合小组的任务实施情况，对每名学生进行任务实施考核。考核过程参照工业互联网设备数据采集1+X职业技能等级证书制度试点要求，并将结果记录在表1-9中。学生进行互评，再请教师复评。通过任务实施评价，各小组之间、学生之间可以通过分享实施过程，相互借鉴经验。

表1-9 认识工业数据考核

班级：　　　　　　　　　　　　　　　姓名：
小组：　　　　　　　　　　　　　　　学号：

项目		要 求	应得分		得分	备注
任务实施	工业数据分类	能够识别重点工业设备数据类别	准确率	15		
			完整性	5		
	工业数据解析	能够识别重点工业设备数据特征	准确率	15		
			完整性	5		
	工业信号输出	能够说明常见的工业数据信号输出形式	准确率	10		
			完整性	5		
	工业设备互联互通	了解工业设备互联互通的意义	完整性	10		
	数据采样频率	了解数据采样频率的意义	完整性	5		
任务评价	小组互评	从信息获取、信息处理、分析归纳、工作态度、职业素养等方面进行评价	10			
	教师评价	从信息获取、信息处理、分析归纳、工作态度、职业素养等方面进行评价	20			
合计						
经验总结						

课后活动

一、填空题

1. 工业数据信号的输出形式大致分为4类：＿＿＿＿＿＿＿、＿＿＿＿＿＿＿、＿＿＿＿＿＿＿、＿＿＿＿＿＿＿。

2. 工业企业的工业数据分类维度包括但不限于研发数据域、＿＿＿＿＿＿＿、＿＿＿＿＿＿＿、运维数据域、＿＿＿＿＿＿＿、＿＿＿＿＿＿＿。

3. 工业数据是指＿＿＿。

4. 模拟量是指＿＿＿＿＿＿＿的物理量，如电压、＿＿＿＿＿＿＿、压力、＿＿＿＿＿＿＿、流量等信号量。模拟信号是幅度随时间连续变化的信号，通常电压信号为＿＿＿＿＿＿＿，电流信号为＿＿＿＿＿＿＿，可以用＿＿＿＿＿＿＿模块进行数据采集。

5. 脉冲量是指_____。

二、问答题

1. 简述工业数据的概念和分类。
2. 工业数据信号的输出形式有哪些?

第 2 章
认识工业智能网关

从一个空间走到另一个空间,必然要经过一个"关口",这个"关口"可能是一扇门。同样,从一个网络向另一个网络发送信息,也必须经过一道"关口",这道"关口"就是网关。

网关(Gateway)又称网间连接器、协议转换器,它是在采用不同体系结构或协议的网络之间进行互通时,用于提供协议转换、路由选择、数据交换等网络兼容功能的设施。工业智能网关也是网关的一种,和广义概念的"网关"有所不同。模块化工业智能网关如图 2-1 所示。

图 2-1　模块化工业智能网关

工业智能网关在工业互联网设备数据采集中占据重要地位,本章设置了认识工业智能网关的类型和认识工业智能网关的结构两个学习任务,介绍了工业智能网关的概念、特点、类型、结构和优势等。

2.1 认识工业智能网关的类型

任务描述

认识工业智能网关

"什么是工业智能网关？工业智能网关有哪些类型？工业智能网关有哪些作用？"这些问题萦绕在小刘心头。

张工看出小刘的心思，他说："工业智能网关的作用是在不同类型的通信技术之间提供'桥梁'，工业智能网关可以按照功能、模块、采集对象进行分类，它可以共享数据、改善通信安全和提升网络性能。"

本节将从工业智能网关的概念、类型、优势等方面介绍工业智能网关。

学习目标

素质目标：

1）养成科学严谨的工作态度。
2）感受科技发展，树立积极的学习态度。
3）培养创新意识。

知识目标：

1）了解边缘设备的含义。
2）知道网关的概念。
3）知道工业智能网关的优势。
4）知道工业智能网关的主要类型。

能力目标：

1）能够正确描述工业智能网关的优势。
2）能够对工业智能网关进行准确分类。

任务实施

任务实施指引	在教师的指导下，学生查阅资料，了解边缘设备、网关的概念，知道工业智能网关的类型与优势。教师通过启发式教学法激发学生的学习兴趣与学习主动性

创设情景

边缘设备如图 2-2 所示。请同学们仔细观察图 2-2 中的两种边缘设备，查阅资料，进行小组讨论，说说路由器和网关的作用与区别，并将思考讨论结果写在下方空白处。

图 2-2　边缘设备

路由器的作用：_____
网关的作用：_____
两者的区别：_____

2.1.1　边缘计算

1. 边缘计算的概念

边缘计算是指在靠近物或数据源头的一侧，采用网络、计算、存储、应用核心能力为一体的开放平台，就近提供最近端服务。其应用程序在边缘侧发起，生成更快的网络服务响应，满足行业在实时业务、应用智能、安全与隐私保护等方面的基本需求。边缘计算处于物理实体和工业连接之间，或处于物理实体的顶端。而云计算仍然可以访问边缘计算的历史数据。

2. 边缘计算的引申

边缘计算在终端设备和云之间引入边缘设备，包括路由器、网关、交换机、特定边缘服务器等，并将云服务扩展到网络边缘。这些边缘设备广泛分布在终端设备和云层之间，如房间内、咖啡馆、街道上、购物中心等。它们能够对终端设备的数据进行计算、存储和上传。章鱼的边缘计算如图 2-3 所示。

边缘计算模型具有以下 3 个明显的优点：

1）在网络边缘处理大量临时数据，不再将数据全部上传至云端，极大减轻了网络带宽和数据中心功耗的压力。

2）在靠近数据生产者的地方做数据处理，不需要通过网络请求云计算中心响应，减少了系统延迟，增强了服务响应能力。

3）边缘计算不再上传用户隐私数据，而是把用户隐私数据存储在网络边缘设备上，减少了网络数据泄露风险，保护了用户数据安全和隐私。

图 2-3　章鱼的边缘计算

_____

_____

_____

_____

2.1.2　网关的概念

网关是一种充当转换重任的计算机系统或设备，它可以在通信协议、数据格式或语言，甚至体系结构完全不同的两种系统之间进行翻译。与网桥只是单纯地传达信息不同，网关要对收到的信息重新打包，以适应目的系统的需求。同时，网关还可以提供过滤和安全功能。网关属于边缘设备的一种。

通常来说，网关的主要目的是在不同类型的通信技术之间提供桥梁。网关提供通信桥梁，如图 2-4 所示。这些技术在连接类型、接口或协议方面可能会有所不同。

在更为复杂的工业现场，有大量种类不一的设备，包括各种仪器仪

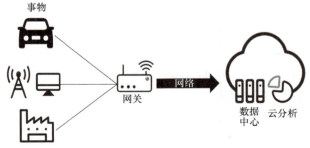

图 2-4　网关提供通信桥梁

表、传感器、工业机器人、PLC、智能工业设备及上位机等,它们的通信网络接口种类多、协议繁杂、互不兼容;同时,工业智能网关还需要及时处理、存储、上传设备产生的大量工业数据。因此,工业智能网关在遵循将不同技术、不同协议的设备桥接在一起的原则的同时,还需要具备以下能力:

1)对下解析能力。工业智能网关需要具备对下(工业设备和自动化系统等)的协议解析能力,包括 Modbus、PPI、MPI、CNC、现场总线协议,以及 CAN、PROFIBUS 等通信协议。

2)对上协议对接、通信能力。工业智能网关需要具备对上(IT 系统)的协议对接能力和通信能力,包括工业以太网、Wi-Fi、4G、5G、NB-IoT 等。

3)数据缓存、本地计算、数据上传能力。工业智能网关需要具备数据缓存、本地计算(雾计算/边缘计算)、数据上传的能力。

综上所述,工业智能网关在网络的边缘端运行,一边连接工业现场内的仪器仪表、设备、上位机、工控系统等,另一边连接 ERP、MES 等信息系统,云平台或服务器等外部网络,并可以根据实际需求,执行数据采集、协议解析、数据处理、数据缓存、数据上传、安全过滤等工作,减轻工业现场控制系统和本地/远程服务器的工作压力。

 随堂笔记

2.1.3 工业智能网关的优势

工业智能网关在工业设备数据采集中占据重要地位,是一款具备挖掘工业设备数据并接入云平台的智能嵌入式网络设备。它主要有以下 3 点优势。

(1)共享数据

工业智能网关的接口允许工业现场设备、控制系统与内外部信息系统共享数据。工业智能网关可以充当网桥或协议转换器的角色,使工业现场所有设备(无论新旧)均可与网络连通。

(2)改善安全性

边缘设备在工业现场设备、控制系统和外部网络之间提供了安全层,可以提供防火墙来保护工业现场的设备与系统,还可以提供安全监控和控制方法。边缘设备的防火墙保护措施如图 2-5 所示。

(3)提升处理网络性能

将非关键功能转移至工业智能网关,可以释放其本身更多的内存和处理能力,可以使工业现场控制系统专注于最重要的任务。工业智能网关也会降低网络拥堵、网络中断带给工业数据采集的负面影响，还可以将数据转换为轻量级消息传递协议，如 MQTT，从而减少带宽、提高效率。

图 2-5　边缘设备的防火墙保护措施

2.1.4　工业智能网关的类型

工业智能网关按照功能、模块化、采集对象可以分为不同类型，具体分类如下。

（1）按功能分类

工业智能网关按照功能分类，可以分为透明传输型工业智能网关、数据采集型工业智能网关和边缘计算型工业智能网关。

（2）按是否模块化分类

工业智能网关按其是否模块化分类，可以分为模块化工业智能网关和非模块化工业智能网关。模块化工业智能网关可以实现网关接口的灵活配置，以适应工业现场的业务需求；非模块化工业智能网关只能提供固定单一的接口，功能单一、满足需求有限，但其成本相对较为低廉。工业智能网关模块化分类如图 2-6 所示。

图 2-6　工业智能网关模块化分类

（3）按采集对象分类

工业智能网关按照采集对象分类，可以分为 PLC 工业智能网关、DCS 工业智能网关、传感器工业智能网关和机器人工业智能网关等。

随堂笔记

_____
_____
_____

任务考核

认识工业智能网关的类型考核见表 2-1，结合小组的任务实施情况，对每名学生进行任务实施考核。考核过程参照工业互联网设备数据采集 1+X 职业技能等级证书制度试点要求，并将结果记录在表 2-1 中。学生进行互评，再请教师复评。通过任务实施评价，各小组之间、学生之间可以通过分享实施过程，相互借鉴经验。

表 2-1　认识工业智能网关的类型考核

班级：　　　　　　　　　　　　　　　　姓名：
小组：　　　　　　　　　　　　　　　　学号：

项　目		要　求	应得分		得分	备注
任务实施	边缘计算的概念	能够简单阐述边缘计算的优点	准确率	10		
			完整性	5		
	网关的概念	能够简单阐述网关的概念	准确率	15		
			完整性	5		
	工业智能网关的优势	能够简单阐述工业智能网关的优势	准确率	10		
			完整性	5		
	工业智能网关的类型	能够简单阐述工业智能网关的类型	准确率	15		
			完整性	5		
任务评价	小组互评	从安全操作、信息获取、任务实施结果、工作态度、职业素养等方面进行评价	15			
	教师评价	从安全操作、信息获取、任务实施结果、工作态度、职业素养等方面进行评价	15			
合计						
经验总结						

一、填空题

1. 边缘计算模型的 3 个优点是_____、_____、_____。
2. 网关（Gateway）又称_____、_____，它是在采用不同体系结构或协议的网络之间进行互通时，用于提供_____、_____、_____数据交换等网络兼容功能的设施。
3. 网关的主要目的是在不同类型的通信技术之间提供_____，网关是边缘设备的一种。
4. 工业智能网关在遵循将不同技术、不同协议的设备桥接在一起的原则的同时，还需要具备_____、_____、_____能力。

二、问答题

1. 简要阐述工业智能网关的优势。
2. 简要阐述工业智能网关的类型。

2.2 认识工业智能网关的结构

 任务描述

"工业智能网关的结构组成有哪些？各有什么功能作用？"张工程师抛出了问题，小刘挠了挠头说："张工，我还真不是特别清楚。"

张工程师笑了笑说："没关系，咱们慢慢来。工业互联网设备数据采集工作台配有工业智能网关区域，是本实训平台的核心结构，由若干个工业现场常见的工业智能网关构成，负责工业数据的采集工作。在数据采集实施前，我们需要知道工业智能网关的结构组成及其作用。接下来，让我们一起来认识工业智能网关的结构。"

学习目标

素质目标：
1）养成科学严谨的工作态度。
2）培养劳动精神。

知识目标：
1）知道工业智能网关的结构组成。
2）知道工业智能网关各部分的作用。
3）知道工业智能网关的安装与拆卸方法。

工业数据采集

能力目标：
1）能够正确识别工业智能网关的结构与作用。
2）能够正确安装与拆卸工业智能网关。

任务实施

任务实施指引	在工业互联网设备数据采集实训平台处于断电的状态下，各学习小组通过观察实训平台工业智能网关和查询资料，完成认识工业智能网关结构的学习。教师通过启发式教学法激发学生的学习兴趣与学习主动性

创设情景

请同学们在设备断电的状态下，仔细观察设备上的工业智能网关，并查阅相关资料，讨论并总结工业智能网关的结构组成，以及各结构的功能作用，将结果填写在表2-2中。

表 2-2　工业智能网关的结构组成与功能作用

序　号	结 构 名 称	功 能 作 用
1		
2		
3		
4		
5		
6		
7		

2.2.1　工业智能网关的结构组成

工业智能网关的结构组成分为8个部分，分别是无线输出接口、指示灯、设备接口、重启按钮、设备型号、调试口、输出接口、电源接口。工业智能网关的正面结构如图2-7所示，工业智能网关的底部结构如图2-8所示。

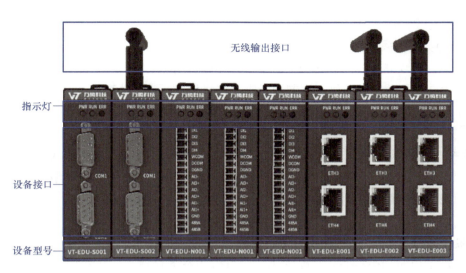

图 2-7　工业智能网关的正面结构

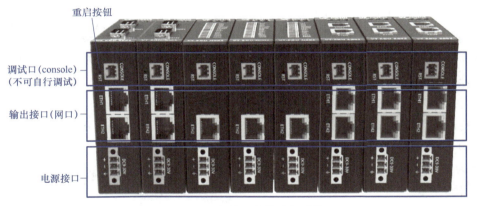

图 2-8　工业智能网关的底部结构

2.2.2　工业智能网关的指示灯

不同型号的工业智能网关，其指示灯也有所不同。指示灯类型有 SYS、PWR、WAN、DAQ、RUN 和 ERR 6 种。工业智能网关指示灯如图 2-9 所示。

工业智能网关指示灯的功能作用如下：

1）SYS：系统指示灯，以 1s 的频率闪烁表示系统正常运行。

2）PWR：电源指示灯，亮起表示已经通电。

图 2-9　工业智能网关指示灯

3）WAN：网络指示灯，常亮表示网络正常。

4）DAQ：数据采集指示灯，常亮表示网关数据采集正常。

5）RUN：系统正常运行指示灯，亮起表示 CPU 工作正常。

6）ERR：运行故障指示灯，亮起表示需要停机检修，查明故障原因。

2.2.3 工业智能网关的设备接口和上传接口

设备接口是指设备接入工业智能网关的接口，上传接口是指工业智能网关采集到设备数据后对接服务器或云平台进行数据上传的接口。下面介绍的各种接口类型可以是设备接口，也可以是上传接口，可以在工作或实训中根据实际需求选择相应的工业智能网关型号使用。

1. 串行接口

串行接口（Serial Interface）简称串口，也称串行通信接口（通常指 COM 接口），是采用串行通信方式的扩展接口（串行通信是指将数据按位依次传输，通信双方按位进行、遵守时序的一种通信方式）。其特点是通信线路简单，只需要一对传输线就可以实现双向通信，从而降低成本，特别适用于远距离通信，但传送速度较慢。串行接口按电气标准及协议划分包括 RS232C、RS422、RS485 等。RS232C、RS422 与 RS485 标准只对接口的电气特性做出规定，不涉及接插件、电缆或协议。串口常用的接口为 9 芯 D 型（DB9），如图 2-10 所示。DB9 分为公头（插头）和母头（插座），有各自的引脚序号。

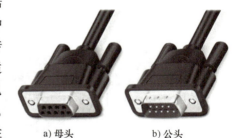

a）母头　　b）公头

图 2-10　9 芯 D 型（DB9）接口

2. 凤凰接线端子

1928 年，菲尼克斯（Phoenix）电气公司发明了世界上第一片组合式接线端子，而菲尼克斯是英文 Phoenix 的音译，中文译为凤凰，因此业界习惯把菲尼克斯电气公司生产的接线端子称为凤凰接线端子。该接线端子可以分为欧式接线端子、插拔式接线端子、变压器接线端子、建筑物布线端子、弹簧式接线端子等类型。工业智能网关所使用的凤凰接线端子如图 2-11 所示。

凤凰接线端子具有以下优点：

1）凤凰接线端子接线不用线鼻子，不用插针，不用接线叉，用直接导线连接。

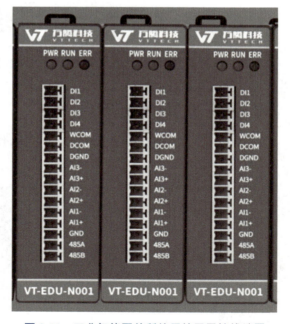

图 2-11　工业智能网关所使用的凤凰接线端子

2）凤凰接线端子一般有挡板，不存在短路风险。

3）凤凰接线端子在控制线路专用时，比较紧凑，可裁剪（按需增减）。

4）选用凤凰端子做控制箱时，可以根据需求组合，而且接线次数增多也不容易接错，处理好的线头也能轻松插入。

3. 案例接口解析图

市面上的工业智能网关品牌众多，但其功能原理相似。下面以某企业工业智能网关为例，对其 VT-EDU-S、VT-EDU-N、VT-EDU-E 系列工业智能网关接口进行解析。

（1）VT-EDU-S 系列工业智能网关接口

VT-EDU-S 系列工业智能网关的设备接口皆为 2 路串口，支持 RS232、RS422、RS485 等标准，VT-EDU-S 系列串口引脚定义见表 2-3。数据上传接口为 2 路网口；同时，S002 可以根据实际情况配置 Wi-Fi 或 4G 无线接口。

表 2-3　VT-EDU-S 系列串口引脚定义

DB9	1	2	3	4	5	6	7	8	9
RS422	NC	NC	TX+	RX−	GND	NC	NC	TX−	RX+
RS485	NC	NC	A		GND	NC	NC	B	NC
RS232	NC	NC			GND	NC	NC	TX	RX

（2）VT-EDU-N 系列工业智能网关接口

VT-EDU-N 系列工业智能网关的设备接口为凤凰接线端子，包括 1 路 RS485、3 路开关量和 4 路模拟量采集接口。数据上传接口为 1 路网口。VT-EDU-N 系列凤凰接线端子接口定义见表 2-4。

表 2-4　VT-EDU-N 系列凤凰接线端子接口定义

定　义	简　述	备　注
D11	开关量采集 1 通道	
D12	开关量采集 2 通道	
D13	开关量采集 3 通道	
D14	开关量采集 4 通道	
WCOM	开关量采集公共端	
DGND	开关量隔离地	
A13−	模拟量差分采集 3 负极通道	默认电压采集
A13+	模拟量差分采集 3 正极通道	默认电压采集
A12−	模拟量差分采集 2 负极通道	默认电流采集
A12+	模拟量差分采集 2 正极通道	默认电流采集
A11−	模拟量差分采集 1 负极通道	默认电流采集
A11+	模拟量差分采集 1 正极通道	默认电流采集
GND	系统地	
RS485A	RS485A 信号	通信接口
RS485B	RS485B 信号	通信接口

（3）VT-EDU-E 系列工业智能网关接口

VT-EDU-E 系列工业智能网关的设备接口为 2 路网口。数据上传接口为 2 路网口，同时，E002/E003 可根据实际情况配置 Wi-Fi 或 4G 无线接口。

随堂笔记

_____

_____

_____

_____

2.2.4　工业智能网关的网络通信

1. 网口

网口即网线接口，是指网卡与网络之间的接口。常见的网线插口有 RJ45 连接头、BNC 连接头和 AUI 连接头。其中，最常用的是 RJ45 连接头，俗称水晶头，属于双绞线以太网接口类型。RJ45 连接头只能沿固定方向插入，设有一个塑料弹片与 RJ45 插槽卡住以防止脱落。网线连接头与网线接口如图 2-12 所示。

双绞线由若干对绞的线对组成，其中每一对对绞线由两根具有绝缘保护层的铜导线组成。其原理是把两根绝缘的铜导线按一定密度互相绞在一起，每一根导线在传输中辐射出来的电波会被另一根导线上发出的电波抵消，从而有效降低信号干扰。

双绞线线序标准中应用最广的是 T568A 和 T568B。T568A 与 T568B 线序对比如图 2-13 所示。

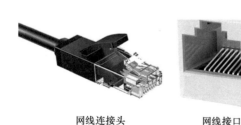

图 2-12　网线连接头与网线接口

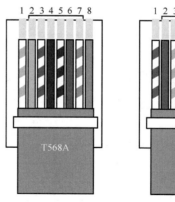

图 2-13　T568A 与 T568B 线序对比

根据 T568A 和 T568B 标准，RJ45 连接头各触点在网络连接中对传输信号所起的作用分别为：1、2 用于发送，3、6 用于接收、4、5 和 7、8 是双向线。实际上 T568A 和 T568B 两个标准没有本质区别，只是连接 RJ45 连接头时 8 根双绞线的线序排列不同，在实际的网络工程施工中采用较多的是 T568B 标准。

2. Wi-Fi

Wi-Fi 又称行动热点，是 Wi-Fi 联盟制造商的商标，也是产品的品牌认证，来源于 IEEE 802.11 标准的无线局域网技术。虽然由 Wi-Fi 技术传输的无线通信质量不是很好，数据安全性能比蓝牙差一些，传输质量也有待改进，但是 Wi-Fi 的传输速度非常快，符合个人和社会信息化需求。Wi-Fi 最主要的优势在于不需要布线，不受布线条件的限制，因此非常适合移动办公用户，并且由于其发射信号功率低于 100mW，低于手机发射功率，所以使用 Wi-Fi 上网也是相对安全的。

工业级 Wi-Fi 路由器与普通家用路由器相比，防护性高、稳定性好，可以很好地应对复杂恶劣的工业现场环境，如耐振动、耐高温、防雷、防电磁等功能；工业级 Wi-Fi 路由器具有丰富的路由协议，传输安全，对企业和工程而言网络环境极其重要，与传统路由器相比，工业级 Wi-Fi 路由器不仅支持多种协议，部分 Wi-Fi 产品还支持厂家的私有协议，确保传输数据安全；工业级 Wi-Fi 路由器具备强劲的数据处理能力，可容纳多台设备同时进行数据传输。

3. 4G 通信

4G 是第四代移动通信系统，是在 3G 通信技术上的一次改良，其相较于 3G 通信技术来说，更大的优势是将 WLAN 技术和 3G 通信技术进行了很好的结合，使图像的传输速度更快，使传输图像看起来更加清晰。在智能通信设备中，应用 4G 通信技术可以让用户的上网速度更迅速，传输速率高达 100Mbit/s。

4. 5G 通信

第五代移动通信技术（The 5th Generation Mobile Communication Technology）简称 5G，是具有高速率、低时延和大连接特点的新一代宽带移动通信技术，是实现人、机、物互联的网络基础设施。

国际电信联盟（International Telecommunication Union，ITU）定义了 5G 的三大应用场景，即增强移动宽带（enhanced Mobile Broadband，eMBB）、超高可靠低时延通信（ultra-Reliabe Low Latency Communication，uRLLC）和海量机器类通信（massive Machine Type Communication，mMTC）。eMBB 主要面向移动互联网流量爆炸式增长，为移动互联网用户提供更加极致的应用体验；uRLLC 主要面向工业控制、远程医疗、自动驾驶等对时延和可靠性具有极高要求的垂直行业应用需求；mMTC 主要面向智慧城市、智能家居、环境监测等以传感和数据采集为目标的应用需求。

为满足 5G 多样化的应用场景需求，5G 的关键性能指标更加多元化。ITU 定义了 5G 的 8 大关键性能指标，其中，高速率、低时延、大连接成为 5G 最突出的特征，用户体验速率达 1Gbit/s，时延低至 1ms，用户连接能力达每平方千米 100 万个连接。

2018 年 6 月，3GPP（第三代合作伙伴计划）发布了第一个 5G 标准（Release-15），支持 5C 独立组网，重点满足增强移动宽带业务。2020 年 6 月，Release-16 版本标准发布，重点支持超高可靠低时延业务，实现对 5G 车联网、工业互联网等应用的支持。Release-17

（RI7）版本标准将重点实现差异化物联网应用，实现中高速大连接，于 2022 年 6 月发布。

2020 年 4 月，中国移动、中国电信、中国联通携手 11 家合作伙伴共同发布《5G 消息白皮书》，5G 在工业领域的应用涵盖研发设计、生产制造、运营管理及产品服务 4 大工业环节，主要包括 16 类应用场景，分别为 AR/VR 研发实验协同、AR/VR 远程协同设计、远程控制、AR 辅助装配、机器视觉、AGV 物流、自动驾驶、超高清视频、设备感知、物料信息采集、环境信息采集、AR 产品需求导入、远程售后、产品状态监测、设备预测性维护、AR/VR 远程培训。

当前，机器视觉、AGV 物流、超高清视频等场景已经取得规模化复制效果，实现了机器换人，大幅降低了人工成本，有效提高了产品检测准确率，达到了提高生产效率的目的。未来远程控制、设备预测性维护等场景预计将会产生较高的商业价值，5G 在工业领域的丰富融合应用场景将为工业体系变革带来极大的潜力，赋能工业智能化发展。

2.2.5　工业智能网关的电源接口

工业智能网关的电源接口采用三芯凤凰接线端子，与电源适配器连接作为电源输入端。相较于普通电源插头，接线端子的牢固性更佳，对于工业现场设备的正常运行来说非常重要，在工业自动化控制、军工设备、工控设备、通信设备、电力设备等领域都起到重要的连接作用。电源接口的输入电源为 DC 9~30V 形式，且电源极性防反接，位于设备前面板，方便用户接线。

电源接线区与电口接线区保持安全接线距离，避免相互干扰，提高了产品可靠性。电源接口如图 2-14 所示。

电源接口位于设备底面板，方便接线，使用防呆（Fool-Proofing）设计，靠近网口侧为正极（+）。在实训平台上，电源接口已连接妥当。除必要时需要安装和拆卸网关，尽量不要随意插拔电源接口。

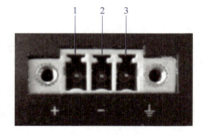

图 2-14　电源接口
1—电源正极　2—电源负极
3—电源接地端

随堂笔记

2.2.6　工业智能网关的登录配置界面

1. 工业智能网关配置前的准备工作

工业智能网关通电后，用网线连接工业智能网关的上传接口网口（Web 登录网口）与计算机网口，设置计算机 IP 地址与工业智能网关在同一网段下，即 192.168.1.100（工业智能网关默认 IP 地址）。计算机 IP 地址设置如图 2-15 所示。

图 2-15　计算机 IP 地址设置

具体步骤如下：

步骤一：在 Windows 操作系统下，选择"开始"→"控制面板"→"网络和 Internet"→"网络和共享中心"→"更改适配器"→"本地连接"→"属性"。

步骤二：选取"Internet 协议版本 4（TCP/IPv4）"，然后单击"属性"，或者直接双击"Internet 协议版本 4（TCP/IPv4）"。

步骤三：选择"使用下面的 IP 地址"和"使用下面的 DNS 服务器地址"，填写 IP 地址为"192.168.1.×××"（××× 的范围：2~99，101~254）；子网掩码为"255.255.255.0"；默认网关为"192.168.1.1"（可以忽略）；DNS 服务器为"114.114.114.114"（可以忽略）。填写完毕后，单击"确定"保存设置。

2. 认识工业智能网关的配置界面

工业智能网关的配置界面如图 2-16 所示，其结构大体相同，会根据型号、采集的设备及数据采集的需求略有不同。

工业智能网关的配置界面分为 5 个部分，分别是系统信息、网络设置、数据采集、MQTT 和串口设置。

（1）系统信息

系统信息内容主要包括设备 ID、版本号、出厂编号、下载配置文件。其中除了设备 ID 可以根据实际工作需要进行修改，其他信息皆为默认。下载配置文件的选项为厂家维护接口，在此不做详细解析。

（2）网络设置

网络设置分为两个部分，左侧部分为数据上传接口设置，与计算机 IP 地址处于同一网段。此 IP 地址修改后，再次登录工业智能网关配置界面时，需要使用新修改的 IP 地址。工业智能网关的网络设置界面如图 2-17 所示。

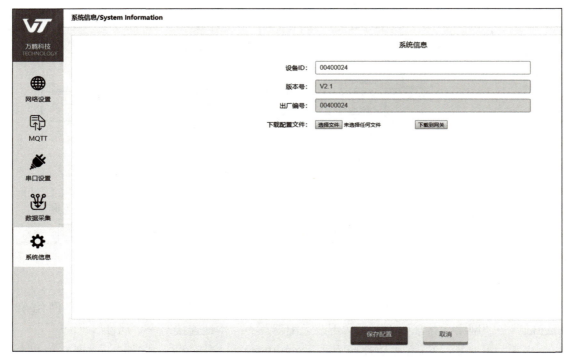

图 2-16　工业智能网关的配置界面

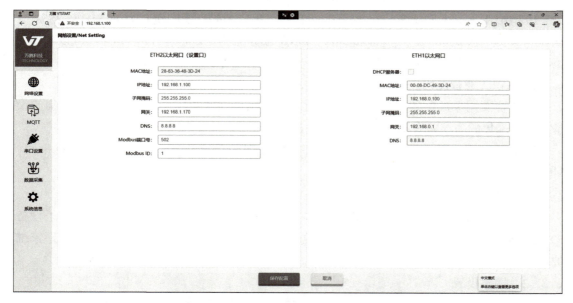

图 2-17　工业智能网关的网络设置界面

数据采集、MQTT 和串口设置的内容将在后续数据采集项目实施中进行详细介绍。

2.2.7 工业智能网关的安装与拆卸

1. 工业智能网关的安装

步骤一：确保实训平台已经断电。

步骤二：将工业智能网关背侧的精密导轨对准网关安装台上的导轨，从侧上方向侧下方滑动至底。工业智能网关模组导轨（左）和工业智能网关导轨（右）如图 2-18 所示。

步骤三：先把电源接口插入工业智能网关电源端子，再将网线插入工业智能网关输出接口（网口）。工业智能网关接入电源及网口如图 2-19 所示。

图 2-18 工业智能网关模组导轨（左）和工业智能网关导轨（右）

2. 工业智能网关的拆卸

步骤一：确保实训平台已经断电，关闭工业智能网关模组电源（模组右侧有电源开关），工业智能网关指示灯熄灭。

步骤二：先将电源端子断开，再将网线拔出输出接口（网口）。

步骤三：将工业智能网关从侧下方向侧上方滑动并取下，沿箭头方向取下工业智能网关，如图 2-20 所示。

图 2-19 工业智能网关接入电源及网口

图 2-20 沿箭头方向取下工业智能网关

随堂笔记

_____
_____
_____
_____

任务考核

认识工业智能网关结构考核见表2-5，结合小组的任务实施情况，对每名学生进行任务实施考核。考核过程参照工业互联网设备数据采集1+X职业技能等级证书制度试点要求，并将结果记录在表2-5中。学生进行互评，再请教师复评。通过任务实施评价，各小组之间、学生之间可以通过分享实施过程，相互借鉴经验。

表2-5 认识工业智能网关结构考核

班级：　　　　　　　　　　　　　　　　姓名：
小组：　　　　　　　　　　　　　　　　学号：

项	目	要　求	应得	分	得分	备注
任务实施	工业智能网关的结构组成	能够对照网关实物说出网关各结构的名称	准确率	10		
			速度	5		
	工业智能网关的指示灯	能够说出指示灯的名称及含义	准确率	10		
			速度	5		
	工业智能网关的接口解析	能够选择设备台上任意一个网关，说出其设备接口和上传接口的含义	准确率	15		
			速度	10		
	工业智能网关的安装与拆卸	能够正确地安装和拆卸工业智能网关	准确率	10		
			速度	5		
任务评价	小组互评	从安全操作、信息获取、任务实施结果、工作态度、职业素养等方面进行评价	15			
	教师评价	从安全操作、信息获取、任务实施结果、工作态度、职业素养等方面进行评价	15			
		合计				
	经验总结					

课后活动

一、填空题

1. 指示灯类型有SYS（_____）、PWR（电源指示灯）、WAN（_____）、DAQ（数据采集指示灯）、RUN（_____）、ERR（_____）6种。

2. 设备接口是指设备接入_____的接口；上传接口是指工业智能网关采集到设备数据后对接或云平台进行上传的接口。

3. 串行接口的特点是通信线路简单，只需要一对传输线就可以实现_____，从而降低成本，特别适用于_____通信，但传送速度较慢。

4. 接线端子可以分为_____、插拔式接线端子、_____、建筑物布线端子、_____等类型。

5. 网口即为网线接口，是指_____与网络之间的接口，常见的网卡接口有_____、BNC 连接头和 AUI 连接头。

二、问答题

1. 简述工业智能网关的结构组成，并说明各结构的作用。
2. 简述工业智能网关的安装与拆卸步骤。

第 3 章
采集振动传感器数据

当今社会,传感器已经广泛应用于日常生活、工农业生产、航空航天、海洋探测、环境保护、资源调查、医学诊断、生物工程、文物保护等方面。从茫茫的太空到浩瀚的海洋,从各种复杂的工程系统到高度发展的现代工业,传感器的身影处处可见。多样的传感器网络如图 3-1 所示。

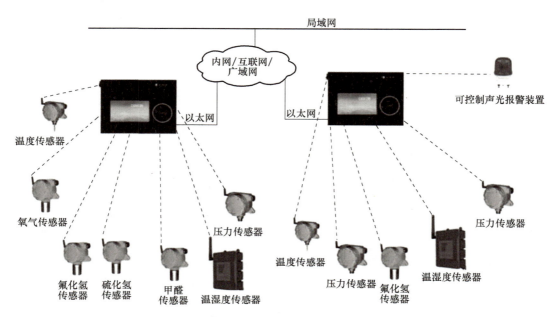

图 3-1 多样的传感器网络

传感器是能感受到被测量并按照一定的规律转换成可用输出信号的器件或装置,通常由敏感元件和转换元件组成;当传感器输出规定的标准信号时,称为变送器,即将非标准电信号转换为标准电信号的仪器。传感器的结构相对简单,产生的数据相对单一、明晰,是数据采集项目实施的基本单元之一。常见的传感器如图 3-2 所示。

图 3-2 常见的传感器

本书以振动传感器的数据采集作为第一个实施项目。本章从数据采集项目的全流程着眼，通过选择工业智能网关、连接振动传感器和工业智能网关、配置工业智能网关基本参数、配置工业智能网关采集参数、测试工业互联网设备数据采集系统 5 个步骤，介绍数据采集各个实施步骤中的知识点和技能点。

最后，本章增加了一个针对电流传感器的数据采集实施项目，帮助学生深入理解上述知识点和技能点。

3.1 选择工业智能网关

任务描述

小刘跟张工程师学习了几天，对工业互联网设备数据采集有了大概的了解，知道了工业现场有哪些常见的设备，同时也对工业智能网关相关的知识进行了认真地学习，对它们的类型和功能了如指掌。

"只知道这些，仅仅是纸上谈兵，对于实际工作来说还远远不够。"张工程师对小刘说："你还要明白这些网关在数据采集过程中发挥的作用，以及使用它们进行数据采集的具体步骤。"

张工程师把小刘带到另一个车间，他们面前的工作台上有一台电动机，电动机上安装了一个振动传感器，还有一台可以通过网线联网并进行数据采集的笔记本计算机。

工业数据采集

学习目标

素质目标：

1) 养成科学严谨的工作态度。
2) 感受科技发展，树立积极的学习态度。
3) 培养科技报国的精神。

知识目标：

1) 理解设备信息收集的基本概念和方法。
2) 理解采集对象数据信息的基本概念。
3) 了解工业智能网关选型涉及的其他信息。

能力目标：

1) 能够准确收集设备信息。
2) 能够准确收集采集对象的数据信息。
3) 能够准确收集其他相关信息。
4) 能够结合设备信息和数据信息选择合适的工业智能网关。

 任务实施

任务实施指引	在教师的指导下，学生收集尽可能详细、准确的现场信息，并根据这一场景填写一份全面的信息收集表，然后判断使用哪个网关可以完成这一任务，最终达成为振动传感器选择一个合适工业智能网关的目标

工业现场信息收集见表3-1。

表3-1 工业现场信息收集

设备基本信息					
项目					
详细信息					
设备参数信息					
参数					
技术指标					
数据信息					
数据名称					
数据特征					
其他信息					
项目					
详细信息					

创设情景

8 台工业智能网关在实训台的位置如图 3-3 所示。仔细观察这 8 台不同型号的工业智能网关,说出对工业智能网关的直观感受和存在的疑惑。

3.1.1 工业智能网关选型

1. 工业智能网关接口

工业互联网设备数据采集实训台配有工业智能网关区域,这是实训台的核心。工业智能网关区域由若干个工业现场常见的工业智能网关构成,负责工业数据采集工作。在数据采集实施前,首先需要了解工业智能网关的结构组成及其功能。

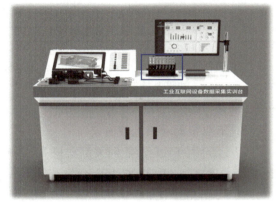

图 3-3　8 台工业智能网关在实训台的位置

2. 工业智能网关的功能

实训台的工业智能网关区域包含 8 台数据采集工业智能网关,可以根据后续实训采集的需求,选择不同的数据采集工业智能网关。工业智能网关选型指南见表 3-2。

表 3-2　工业智能网关选型指南

名　称	功　能	采集对象	采集端口	管理口 IP 地址
VT-EDU-S001	设备接口:双串口采集接口 支持采集协议:RS232/RS422/RS485(默认 RS422) 波特率:最高支持 1Mbit/s 上传配置:工业以太网 支持上传协议:Modbus TCP、MQTT 等	科创思 PLC	COM1	192.168.1.204
VT-EDU-S002	设备接口:双串口采集接口 支持采集协议:RS232/RS422/RS485(默认 RS232) 波特率:最高支持 1Mbit/s 上传配置:Wi-Fi、工业以太网 支持上传协议:Modbus TCP、MQTT 等	三菱 PLC	COM1	192.168.1.205
VT-EDU-N001	设备接口:凤凰接线端子接口,含 1 路 RS485 接口、4 路开关量采集接口、3 路模拟量采集接口 支持采集协议:DC 0~10V、DC 4~20mA 等多种标准模拟量信号输入 上传配置:工业以太网 支持上传协议:Modbus TCP、MQTT 等	工业传感器	4 路开关量 3 路模拟量 1 路 RS485	192.168.1.201 192.168.1.202 192.168.1.203
VT-EDU-E001	设备接口:双网口采集接口 支持采集协议:PROFINET、EtherNet/IP、Powerlink、Modbus TCP 等工业以太网的数据接入 上传配置:工业以太网 支持上传协议:Modbus TCP、MQTT 等	西门子 PLC	ETH3	192.168.1.206

（续）

名　称	功　能	采集对象	采集端口	管理口 IP 地址
VT-EDU-E002	设备接口：双网口采集接口 支持采集协议：PROFINET、EtherNet/IP、Powerlink、Modbus TCP 等工业以太网的数据接入 上传配置：Wi-Fi、工业以太网 支持上传协议：Modbus TCP、MQTT、OPC UA 等	发那科数控机床	ETH3	192.168.1.207
VT-EDU-E003	设备接口：双网口采集接口 支持采集协议：PROFINET、EtherNet/IP、Powerlink、Modbus TCP 等工业以太网的数据接入 上传配置：4G、工业以太网		ETH3	192.168.1.208

3. 工业智能网关上传协议

以上介绍的工业智能网关都支持 Modbus TCP 及 MQTT 上传协议，部分工业智能网关还支持 OPC UA（由 OPC 基金会发布的统一架构标准）上传协议。

（1）Modbus TCP

Modbus 是由 MODICON（莫迪康）公司于 1979 年开发的一种工业现场总线协议标准。1996 年，施耐德公司推出基于以太网 TCP/IP 的 Modbus 通信协议，即 Modbus TCP。

Modbus 协议是一项应用层报文传输协议，包括 ASCII、RTU、TCP 3 种报文类型。

标准的 Modbus 协议物理层接口有 RS232、RS422、RS485 和以太网接口，采用 Master/Slave 方式通信。

Modbus TCP 使 Modbus RTU 协议运行于以太网上，Modbus TCP 使用 TCP/IP 和以太网在站点间传送 Modbus 报文，Modbus TCP 结合了以太网物理网络和网络标准 TCP/IP 以及 Modbus，并作为应用协议标准的数据表示方法。Modbus TCP 报文被封装于以太网 TCP/IP 数据包中。与传统的串口方式不同，Modbus TCP 插入一个标准的 Modbus 报文到 TCP 报文中时，不再带有数据校验和地址。

在 Modbus 服务器中按默认协议使用 Port 502 通信端口，在 Modbus 客户端程序中设置任意通信端口，为避免与其他通信协议产生冲突，一般建议端口从 2000 开始使用。

Modbus TCP 具有以下优点：

1）网络实施价格低廉，可以全部使用通用网络部件。

2）TCP/IP 已经成为信息行业的事实标准，世界上 93% 的网络都使用 TCP/IP，只要在应用层使用 Modbus TCP，就可以实现工业以太网数据交换。

3）易于与各种系统互联，可用于管理网、实时监控网及现场设备通信。

4）目前，我国已把 Modbus TCP 作为工业网络标准之一，用户可以免费获得协议及样板程序，Modbus TCP 可在 UNIX、Linux、Windows 下运行，不需要专门驱动程序。

5）高速的数据，用户最关心的是网络的传输能力，100M 以太网的传输结果为每秒 4000 个 Modbus TCP 报文，而每个报文可传输 125 个字（16bit）。

工业智能网关采集实训台模组数据，通过 Modbus TCP 上传数据至 Web 客户端并显示。VT-EDU-N001 工业智能网关 Modbus TCP 及寄存器定义见表 3-3。

表 3-3　VT-EDU-N001 工业智能网关 Modbus TCP 及寄存器定义

地址含义	Modbus ID	Modbus 地址	长度	读 取 值	实际值换算公式及单位	备　注
振动	1	0	1	读数 /1000	（50-0）/（20-4）×（读数 /1000-4）；单位为 mm/s	对应振动传感器；如果想增大振动变化值，可敲击附近金属结构件
电流	1	1	1	读数 /1000	（5-0）/（20-4）×（读数 /1000-4）；单位为 A	对应直流电流变送器
模拟量接近开关	1	2	1	读数 /1000	（15-3）/（10-1）×（读数 /1000-1）+1；单位为 mm	线性关系；越远数值越大，最远为 15mm
开关量接近开关	1	3	1	0 或 1	检测到金属为 1，未检测到金属为 0	1：接近；0：远离
温度	1	20000	1	读数 /10	读数 /10	对应温湿度传感器；传感器的 ID=2
湿度	1	20001	1	读数 /10	读数 /10	
噪声	1	30000	1	读数 /10	读数 /10	对应噪声传感器；传感器的 ID=3
采集网关 IP：192.168.1.201						

工业智能网关还可以通过 MQTT 通信协议上传采集到的工业互联网设备数据，通过 MQTT 通信协议上传数据可参考其他相关图书。

（2）MQTT

MQTT 是一种基于发布 / 订阅（Publish/Subscribe）模式的轻量级通信协议，该协议构建在 TCP/IP 上，由 IBM 公司在 1999 年发布。MQTT 通信协议的最大优点是可以用极少的代码和有限的带宽为连接远程设备提供实时可靠的消息服务。作为一种低开销、低带宽占用的即时通信协议，MQTT 在物联网、小型设备、移动应用等方面有着较为广泛的应用。

MQTT 是一个基于客户端—服务器的消息发布 / 订阅传输协议。MQTT 通信协议轻量、简单、开放和易于实现，应用范围非常广泛，包括受限的环境，如机器与机器（Machine to Machine，M2M）通信和物联网（IoT）。MQTT 通信协议已在卫星链路通信传感器、偶尔拨号的医疗设备、智能家居及一些小型化设备中得到广泛使用。

MQTT 通信协议的实现需要客户端和服务器端完成通信，在通信过程中，MQTT 通信协议中有 3 种身份：发布者（Publish）、代理（Broker）、订阅者（Subscriber）。其中，消息的发布者和订阅者都是客户端，消息的代理是服务器，消息发布者可以同时是订阅者。MQTT 消息如图 3-4 所示。

图 3-4 MQTT 信息

（3）OPC UA 协议

OPC 是自动化行业及其他行业用于数据安全交换时的互操作性标准。它独立于平台，并确保来自多个厂商的设备之间信息的无缝传输，OPC 基金会负责该标准的开发和维护。

OPC 标准是由行业供应商、终端用户和软件开发者共同制定的一系列规范。这些规范定义了客户端与服务器之间以及服务器与服务器之间的接口，如访问实时数据、监控报警和事件、访问历史数据和其他应用程序等，这些都需要 OPC 标准的协调。

OPC 标准于 1996 年首次发布，其目的是把 PLC 特定协议（如 Modbus、PROFIBUS 等）抽象为标准化接口，OPC 标准作为"中间人"，把 PLC 特定协议通用的读写要求转换成具体的设备协议，反之亦然，以便 HMI/SCADA 系统可以对接。这也造就了整个行业内手工作坊的蓬勃兴起，通过使用 OPC 协议，终端用户可以毫无障碍地使用最好的产品来进行系统操作。

2008 年发布的 OPC UA 将各个 OPC Classic 规范的所有功能集成到一个可扩展的框架中，独立于平台并且面向服务。这种多层方法实现了最初设计 UA 规范时的目标：

1）功能对等性，所有 COM OPC Classic 规范都映射到 UA。
2）平台独立性，从嵌入式微控制器到基于云的基础设施。
3）安全性，信息加密、身份验证和审核。
4）可扩展性，添加新功能而不影响现有应用程序的能力。
5）综合信息建模，用于定义复杂信息。

选择合适的工业智能网关是工业互联网设备数据采集项目顺利实施的前提条件。

在工业智能网关选型过程中，需要充分了解采集对象的相关信息，包括设备的基本信息和重要参数；了解采集对象会产生哪些数据，以及数据本身的概念和特征；了解数据采集之后的上传方式和用途。掌握以上信息后，还需要综合考虑多种因素，在众多型号的工业智能网关中选择最合适的一种。

3.1.2 振动传感器的概念

1. 定义

振动传感器是能感受机械运动振动参量（机械振动速度、频率、加速度等）并转换成可用输出信号的传感器。

2. 主要类型

振动传感器按功能有以下 3 种分类方法。

按机械接收原理可分为相对式、惯性式。

振动传感器应用场景

按机电变换原理可分为电动式、压电式、电涡流式、电感式、电容式、电阻式、光电式。

按所测机械量可分为位移传感器、速度传感器、加速度传感器、力传感器、应变传感器、扭振传感器、扭矩传感器。

一般来说,振动传感器根据机械接收原理划分时,只有相对式和惯性式两种,但根据机电变换原理划分时,由于变换方法和性质不同,其种类繁多,应用范围也极其广泛,此处做简单了解即可。

3. 常见使用场景

振动传感器多用于机械中的振动和位移的长期监测,生产线的在线自动检测和自动控制,科学研究中的多种微小距离和微小运动的测量等。振动传感器可广泛应用于能源、化工、医学、汽车、冶金、机器制造、军工及科研教学等领域。

下面以振动传感器在泵房机组设备中的应用为例,对振动传感器进行说明。

随着科学技术的迅猛发展,机械工业化程度飞速提高,现代工业生产的机械设备正逐步走向复杂化、高速化、自动化。为了掌握设备运行状态,避免发生事故,对生产中的关键机组实行在线监测和故障诊断,越来越引起人们的重视。振动传感器承担了这一重要任务,保证了设备的正常运行。

振动传感器主要安装在各种旋转机械设备的轴承盖上(如汽轮机、压缩机、风机和泵等),泵房机组设备中的振动传感器一般安装在机组外壁上。当泵房或机组发生振动时,应针对具体情况,用振动传感器测量并逐一分析可能造成振动的原因,找出问题的症结后,再采取有效技术措施加以消除。泵房实际现场如图3-5所示。

图3-5 泵房实际现场

工业振动分析技术是确定、预测和预防旋转机械设备故障的一种检测手段。实施设备振动分析将会提高设备的可靠性和工作效率,减少停机时间,消除机电故障。振动分析技术是全球通用的用于确定设备故障的工具,使用该技术可制定设备维修计划,使设备尽可能长时间正常工作。

旋转机械设备的旋转组件都有各自特定的振动频率,而其振动幅度(简称振幅)则表示该设备的工作情况或工作质量。振幅的扩大直接表示旋转组件(如轴承或齿轮)发生了故障。

对于旋转机械来说，目前主要的分析信号来自振动信号。对于泵来说，泵发生重要故障的特征是机器伴有异常的振动和噪声。振动信号能够实时反映泵的故障信息，应用振动传感器可以实时监测泵的运行状态，以便第一时间检测到故障信息，通知检修人员采取措施，保证泵正常工作，提高工作效率，同时消除安全隐患。旋转机械设备如图 3-6 所示。

图 3-6　旋转机械设备

4. 本任务中使用的振动传感器

本任务使用的是 HJ-9002 系列一体化振动变送器（以下简称振动传感器），对电动机的绝对振动进行测量，对机器进行实时监控。它可安装在机器的轴承座或机壳上，将两线制输出的 DC 4~20mA 电流信号，直接供给控制室中的 PLC 或集散控制系统监视器、采集器、记录仪或其他监控设备。电动机和振动传感器在实训台模组中的位置如图 3-7 所示。

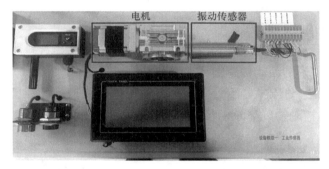

图 3-7　电动机和振动传感器在实训台模组中的位置

触摸屏可以控制电动机启动、停止，进而使电动机产生振动源，以供振动传感器采集数据。触摸屏控制界面如图 3-8 所示，根据界面提示控制电动机启动、停止。

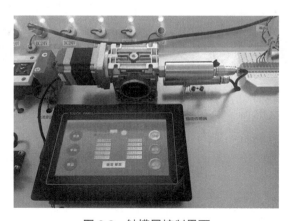

图 3-8　触摸屏控制界面

 随堂笔记

___

___

___

___

本任务关注的重点是单个小型设备及在其关键部位安装的传感器所采集的数据,这里采集设备本身为电动机。

电动机是指依据电磁感应定律实现电能转换或传递的一种电磁装置,在电路中用字母 M 表示,它的主要作用是产生驱动转矩,作为用电器或各种机械的动力源。

3.1.3 振动传感器的设备信息

本节的应用场景是利用振动传感器采集电动机运行时振动产生的振动数值。

1. 设备的基本信息

收集设备信息前,首先要对设备有基本的了解,包括设备类型、设备名称、生产厂家、设备型号、设备数量等,并据此来查阅准确的设备资料(如产品手册、说明书等)缩小工业智能网关的选型范围,进而确定工业智能网关的具体型号。

在任务中,需要收集的设备基本信息见表 3-4。

表 3-4 需要收集的设备基本信息

设备名称	生产厂家	设备型号	设备数量/台	备注
一体化振动变送器	上海骅鹰自动化仪表有限公司	HJ-9002/(0~20mm/s)	1	螺纹安装

2. 设备的技术参数信息

通过查阅传感器的产品说明书,能够了解任务中所选用的 HJ-9002 型振动传感器的技术参数。HJ-9002 型振动传感器的技术参数见表 3-5。

表 3-5 HJ-9002 型振动传感器的技术参数

序号	参数	技术指标
1	量程	最大 0~20mm/s
2	频率响应	10~1000Hz
3	输出	DC 4~20mA
4	输出阻抗	≤500Ω
5	工作电压	DC 12~28V(二线制环路供电)
6	接线方式	二线制

(续)

序 号	参 数	技 术 指 标
7	测量方向	垂直或水平
8	精度	<F.S±5%
9	分辨率	0.1mm/s
10	运行环境	温度 −40~100℃
11	外形尺寸	ϕ33mm × 73mm
12	安装方式	螺纹安装，螺纹尺寸为 10mm × 1.5mm × 10mm
13	质量	约 350g
14	壳体材质	304 不锈钢
15	电器接口	航空连接器 / 随机线预埋 / 接线盒
16	防护等级	IP67

表 3-5 中并不是所有的技术参数都对本任务的实施有帮助。想要完成工业智能网关选型这一任务，只需要重点关注几个相关的技术参数即可。

回顾第 2 章 2.2 节认识工业智能网关的结构可知，工业智能网关的接口形式包括串口、网口、凤凰接线端子等。VT-EDU-N001 工业智能网关接口技术参数见表 3-6。

表 3-6　VT-EDU-N001 工业智能网关接口技术参数

名 称	技 术 参 数	示 例
VT-EDU-N001	设备接口：凤凰接线端子接口，含 1 路 R5485 接口、3 路开关量采集接口、4 路模拟量采集接口 支持采集协议：DC 0~10V、DC 4~20mA 等多种标准模拟量信号输入 上传配置：工业以太网 支持上传协议：Modbus、MQTT 等	

工业智能网关通过设备接入接口（串口、网口、凤凰接线端子等）与设备进行连接。由此可以推断，在收集设备参数信息时，需要重点关注的参数信息一定和工业智能网关的串口、网口相关，也就是输出和接线方式等参数信息。另外，还需要收集振动传感器的量程、分辨率等信息。

3. 输出方式

不同的传感器有多种不同的输出方式，这里仅介绍 HJ-9002 型振动传感器所使用的输出方式。常见仪器仪表的信号输出方式多为 DC 4~20mA，即采用最小电流为 4mA、最大电流为 20mA 的信号来传输数据。DC 4~20mA 信号制是国际电工委员会确定的过程控制系统使用的模拟信号标准，如连接仪表、变送设备、控制设备、计算机采样设备等。采用

DC 4~20mA 输出方式的优点是传输精度较高、抗干扰能力较强等。

4. 接线方式

二线制是指仪表供电和标准信号传输采用的导线数。二线制是两根导线供电的同时传输 DC 4~20mA 标准信号，其工作电源和信号共用一根导线，工作电源由接收端提供。二线制在消防、仪表、传感器、工业控制等领域广泛应用。

本任务中使用的 HJ-9002 型振动传感器，有棕色和蓝色两根导线。棕色导线接 DC 24V 电源正端，蓝色导线接 DC 24V 电源负端，同时棕色和蓝色导线也是 DC 4~20mA 输出引线。电气接线如图 3-9 所示。

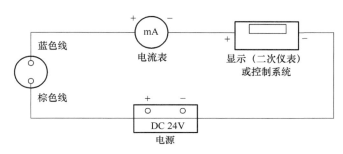

图 3-9　电气接线

5. 量程

广义上量程是度量工具的测量范围，其值由度量工具的最小测量值和最大测量值决定。对传感器而言，能够被测量的最大数值称为测量上限，被测量的最小数值则称为测量下限。而测量范围上限和下限的区间就是传感器的量程。量程和输出有着密切的关系，当传感器的被测量值达到最大时，传感器对应的输出值即为满量程输出。如一台压力传感器的量程是 0~100kPa，输出为 DC 4~20mA，则它的满量程值是 100kPa，20mA 就是它的满量程输出。

6. 分辨率

分辨率是指传感器可感受到的被测量的最小变化的能力，即传感器的输入量从某一非零值缓慢地变化、当输入变化值未超过某一数值时，其输出不会发生变化，也就是说，传感器对此输入量的变化是分辨不出来的；只有当输入量的变化超过分辨率时，其输出才会发生变化。如振动传感器的分辨率是 0.1mm/s，当输入量小于 0.1mm/s 时（如 0.08mm/s），传感器的输出不会发生变化。

📝 随堂笔记

3.1.4 振动传感器的数据信息

1. 振动传感器的数据

振动传感器是测试技术中的关键部件,其作用是接收机械形变量,并转换为与之成比例的电量,即振动信号转换为电信号,因此振动传感器产生的数据为振动值。

2. 振动值的振幅和频率

(1) 振幅

振幅是指振动的物理量可能达到的最大值,通常用 A 表示。它是表示振动的范围和强度的物理量。

在机械振动中,振幅是物体振动时离开平衡位置最大位移的绝对值,振幅在数值上等于最大位移的大小。振幅是标量,单位为 m 或 cm。振幅描述了物体振动幅度的大小和振动的强弱。

在交流电路中,电流振幅或电压振幅是指电流或电压变化的最大值,也称电压或电流的峰值。

在声振动中,振幅是声压与静止压强之差的最大值。声波的振幅以 dB 为单位。声波振幅的大小决定音强。

(2) 频率

频率是单位时间内完成周期性变化的次数,是描述周期运动频繁程度的量,常用 f 表示。为了纪念德国物理学家赫兹的贡献,人们把频率的单位命名为赫兹,简称赫,符号为 Hz。

振幅与频率如图 3-10 所示。

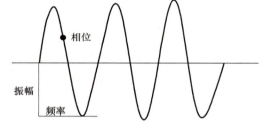

图 3-10 振幅与频率

随堂笔记

3.1.5 工业智能网关选型涉及的其他信息

设备信息和数据信息收集完成之后,还需要关注更多的信息,以最终达成工业智能网关选型的任务目标。采集带有振动传感器设备数据的评估报告见表 3-7。

前面以振动传感器在泵房机组设备中的应用为例,了解到泵房机组设备中会产生流量、电流、电压、运行时间、振动等不同的数据。接下来以典型的采集振动传感器数据为例,根据本实训内容需求填写表 3-7。这里要说明的是,采集的数据是指在特定场景下安装有特定传感器设备的技术参数值,这个问题在后面章节不再赘述。

表 3-7　采集带有振动传感器设备数据的评估报告

班级：			姓名：	
小组：			学号：	
名　　称		内　　容		备　　注
传感器参数	输出数据、量程			
	传感器数据端口			
	传感器数据输出方式			
	数据采集连接方式			
选型网关	工业智能网关型号			
	工业智能网关采集接口			
	采集数据上传协议			
总结				

在工业智能网关的选型过程中，除了设备信息和数据信息，还需要提前了解数据的上传方式和上传协议。

根据实际情况，工业智能网关的主要上传方式可以选择以太网、Wi-Fi、4G、5G 等。

工业智能网关支持的上传协议主要有 OPC UA、MQTT、Modbus TCP 等。

任务考核

工业智能网关选型考核见表 3-8。结合小组的任务实施情况，对每名学生进行任务实施考核。考核过程参照工业互联网设备数据采集 1+X 职业技能等级证书制度试点要求，并将结果记录在表 3-8 中。学生进行互评，再请教师复评。通过任务实施评价，各小组之间、学生之间可以通过分享实施过程，相互借鉴经验。

表 3-8　工业智能网关选型考核

班级：				姓名：		
小组：				学号：		
	项　目	要　求		应得分	得分	备注
任务实施	振动传感器的概念	熟知振动传感器的定义，根据原理对各类振动传感器进行分类		准确率	10	
				完整性	10	
	收集设备信息	从说明书中选出有效采集参数，了解 DC 4~20mA 的输出方式、简单的接线方式及量程、分辨率的概念，选择正确型号的工业智能网关		准确率	10	
				完整性	10	
	振动传感器数据	口述振幅和频率的概念		准确率	10	
				完整性	10	
任务评价	小组互评	从信息获取、信息处理、分析归纳、工作态度、职业素养等方面进行评价		20		

(续)

项　　目		要　　求	应　得　分	得　分	备注
任务评价	教师评价	从信息获取、信息处理、分析归纳、工作态度、职业素养等方面进行评价	20		
		合计			
	经验总结				

课后活动

一、填空题

1. 振动传感器能感受_____量并转换成可用_____的传感器。
2. 振动传感器按所测机械量可分为_____传感器、_____传感器、_____传感器、力传感器、应变传感器、_____传感器、扭矩传感器。
3. 振动传感器多用于机械中的_____和_____的长期监测，生产线的在线自动检测和自动控制，科学研究中的多种_____和_____等。
4. 本任务采用的是 HJ-9002 系列一体化振动变送器，对电动机的绝对_____进行测量，对机器进行实时监控。
5. 本任务采用的是 HJ-9002 系列一体化振动变送器，它可以安装在机器的轴承座或机壳上，采用_____线制输出_____mA 的电流信号。

二、问答题

1. 简要阐述实训台工业智能网关的区别。
2. 简要阐述振动传感器的分类及应用场景。

任务拓展

压力传感器的技术参数如图 3-11 所示，请从中选出与工业智能网关选型相关的重要信息，填写工业智能网关信息采集表，在实训台上选出合适的工业智能网关，并说明理由（可以选择一个或多个工业智能网关）。工业智能网关选型信息收集见表 3-9。

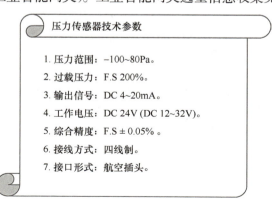

图 3-11　压力传感器的技术参数

表 3-9 工业智能网关选型信息收集

设备基本信息					
项目					
详细信息					
设备参数信息					
参数					
技术指标					
数据信息					
数据名称					
数据特征					
其他信息					
项目					
详细信息					

3.2 连接振动传感器和工业智能网关

任务描述

"接下来就到连接振动传感器和工业智能网关这一工作步骤了。"张工程师对小刘说,"这项工作需要结合我们在上个任务中学到的知识,制作一根通信电缆,并利用这根通信电缆把两台设备连接起来。在这个过程中,我会给你提供一些详细的制作步骤,你可要认真学习啊!"

张工程师再次将传感器和选好的工业智能网关摆在工作台上,并放好其他一些工具和制作材料:一堆线材、一把剥线钳、一台电烙铁、一堆焊锡丝,以及一台万用表,同学们要学会识别这些工具和它们具体的使用方法。

学习目标

素质目标:
1) 养成科学严谨的工作态度。
2) 体验工作的成就感,树立热爱劳动的意识。
3) 培养可持续发展的意识。

知识目标:
1) 理解通信电缆的概念。
2) 掌握通信电缆制作和检测过程中需要使用的工具。

能力目标：

1) 能够正确制作通信电缆。
2) 能够正确检测通信电缆。
3) 能够正确连接振动传感器和通信电缆。

 任务实施

任务实施指引	本任务围绕连接振动传感器和工业智能网关这一工作目标，重点学习通信电缆的定义、制作方法、检测方法和连接方法

3.2.1 制作通信电缆

1. 通信电缆的定义

（1）通信电缆

本书中所指的通信电缆是传输电话、电报、传真文件、电视和广播节目、数据和其他电信号的电缆，由一对以上相互绝缘的导线绞合而成。通信电缆通常由缆芯、护套和护层构成，多根互相绝缘的导线或导体构成缆芯，外部具有密封护套的通信线路，有的在护套外面还装有外护层。

通信电缆 RVB、RVVB 和 RVS 的区别

（2）本任务所使用的电缆

RVB 线全称为两芯平行铜芯聚氯乙烯绝缘软电线，俗称红黑线，是一种扁形无护套的软电线，由一根红色和一根黑色绝缘铜线平行绝缘挤出。

其中，字母 R 表示软电线（导体结构），字母 V 表示聚氯乙烯（护套材料），字母 B 表示平行（电线形状）。

（3）接口和线序简介

RVB 线通常用红色表示正极（+），用黑色表示负极（-）。由于实训台和工业智能网关已有现成的接口，不需要制作额外的接口，只需要将线端接入即可。

RVB 线的两端红、黑线分别对应实训台振动传感器接口的 A+/A-，以及工业智能网关 VT-EDU-N001 的电流模拟量接口 AI1+/AI1-（或 AI2+/AI2-）。

2. 通信电缆的制作

（1）准备工具

制作通信电缆所需要的工具包括：RVB 线 50cm，线径为 0.75mm 的铜线；60W 的电烙铁 1 台及 1mm 口径的焊锡丝 1 卷；1.25mm^2 口径的剥线钳 1 把；小号螺钉旋具 1 把。准备工具如图 3-12 所示，自左上至右下依次为红黑线、剥线钳、螺钉旋具、电烙铁和焊锡丝。

（2）制作过程

步骤一：用剥线钳剥线如图 3-13 所示，将 RVB 线从中间分开约 2cm，并用剥线钳分别剥去线端两端的外皮。

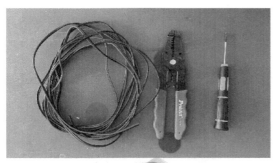

图 3-12 准备工具

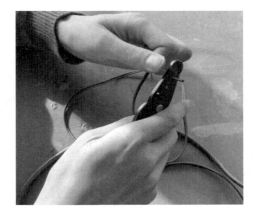

图 3-13 用剥线钳剥线

步骤二：用手将线芯捻紧实，捻实铜线如图 3-14 所示，用电烙铁将焊锡丝熔化，并均匀涂抹至裸露的线芯处。铜线镀锡如图 3-15 示，铜线镀锡是为了防止铜线暴露在空气中氧化形成铜绿，增加电阻，还可以防止绝缘橡皮发黏、变脆，影响其性能。

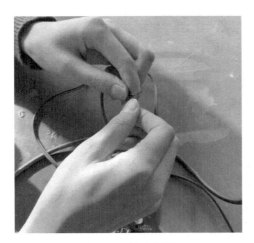

图 3-14 捻实铜线

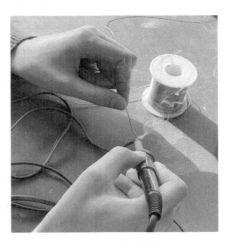

图 3-15 铜线镀锡

步骤三：用剥线钳将已和焊锡熔合的线芯端剪至剩 1cm。剪掉镀锡线多余部分如图 3-16 所示。

3.2.2 检测并连接通信电缆

1. 检测通信电缆

通常通信电缆在制作完成后需要检测是否制作成功,但由于 RVB 线不需要制作额外的接口,所以一般不需要再进行检测。

2. 连接通信电缆

步骤一:连接设备模组如图 3-17 所示。将 RVB 线的一端接入实训台的振动传感器信号输出接线端子,其中红线为正,对应 A+ 口,黑线为负,对应 A– 口。将端口的开关打开,依顺序插入 RVB 线,关闭开关。用手尝试拽一下 RVB 线,如果无松动,则此端接线成功。

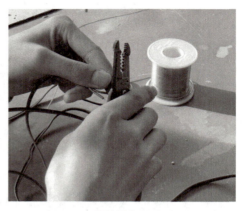

图 3-16 剪掉镀锡线多余部分

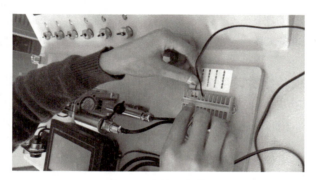

图 3-17 连接设备模组

步骤二:将选定的工业智能网关的凤凰接线端子端口取下,用 2.0mm×50mm 的一字螺钉旋具松动对应的端口螺钉,连接网关端子如图 3-18 所示。

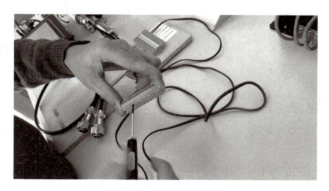

图 3-18 连接网关端子

步骤三:将 RVB 线插入凤凰接线端子,并用螺钉旋具拧紧。用手尝试拽一下 RVB 线,如果无松动,则此端接线成功,RVB 与网关连接如图 3-19 所示。

图 3-19　RVB 与网关连接

步骤四：将端子插回工业智能网关，并将电动机、振动传感器和工业智能网关通电，查看是否连接成功并收集数据。

工业传感器模组电源接口如图 3-20 所示，工业传感器模组电源线接头（防水级航空插头）有防反接设计，需要对准凸起处进行电源安装，安装好后需要拧紧接口后端螺钉。

网关出厂铭牌信息如图 3-21 所示，设备的工作电压为 DC 24V，电源线接头采用两针头设计。由网关出厂铭牌可知，设备的工作电压范围为 DC 9~30V。

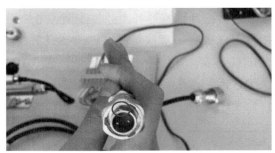

图 3-20　工业传感器模组电源接口

图 3-21　网关出厂铭牌信息

这里有个小技巧点，电源端接头为内针头设计，有且只有 DC 24V，因此，完成通电操作后的连接如图 3-22 所示。另外两种电源端接头分别为三针头设计的 DC 12V 和四针头设计的 DC 5V，根据实训内容需要连接不同的电源接口。最终操作的连线如图 3-23 所示。

图 3-22　完成通电操作后的连接

工业数据采集

图 3-23 最终操作的连线

任务考核

连接振动传感器和工业智能网关考核见表 3-10，结合小组的任务实施情况，对每名学生进行任务实施考核。考核过程参照工业互联网设备数据采集 1+X 职业技能等级证书制度试点要求，并将检查结果记录在表 3-10 中。学生进行互评，再请教师复评。通过任务实施评价，各小组之间、学生之间可以分享实施过程，相互借鉴经验。

表 3-10 连接振动传感器和工业智能网关考核

班级：				姓名：		
小组：				学号：		
项	目	要 求	应 得	分	得 分	备 注
任务实施	制作通信电缆	熟知通信电缆的定义；熟练制作红黑线电缆的步骤、方法	准确率	15		
			完整性	15		
	检测并连接通信电缆	熟练连接工业传感器模组电源；认识工业智能网关与传感器的通信接口；熟练连接智能网关与传感器的通信接口	准确率	15		
			完整性	15		
任务评价	小组互评	从信息获取、信息处理、分析归纳、工作态度、职业素养等方面进行评价	20			
	教师评价	从信息获取、信息处理、分析归纳、工作态度、职业素养等方面进行评价	20			
合计						
经验总结						

课后活动

一、填空题

1. RVB 线全称_____电线，俗称红黑线，是一种扁形无护套的软电线，由一根红色和一根黑色绝缘铜线平行绝缘挤出。

2. _____ 和_____ 是本任务中需要连接的实训台振动传感器接口标识。

3. 本任务中需要连接的实训台工业智能网关型号为_____，接口标识为_____ 和_____。

4. 本任务中使用的实训台工业智能网关电源电压为_____V，实训平台振动传感器电源电压为_____V。

二、实践题

根据制作通信电缆的步骤制作一根 RVB 连接线。

3.3 配置工业智能网关基本参数

任务描述

小刘把制作好的通信电缆和工业智能网关连接完毕，兴致勃勃地等待工业智能网关开始工作，但是屏幕始终没有任何反应。小刘疑惑地看向张工程师："张工，这怎么没反应呢？"

张工程师说："由于工业智能网关也是网关，所以不仅需要完成硬件连接工作，还有许多配置工作需要完成。咱们不急，一步一步来，先来学习工业智能关的基本参数配置。"

学习目标

素质目标：

1）养成科学严谨的工作态度。
2）体验工作的成就感，树立热爱劳动的意识。
3）培养革故鼎新的精神。

知识目标

1）了解工业智能网关配置前准备工作的步骤。
2）了解工业智能网关配置界面的基本设置。
3）了解工业智能网关基本参数配置的步骤。

能力目标：

1）能够正确进行工业智能网关配置前准备工作。
2）登录/退出工业智能网关配置界面。
3）能够正确操作工业智能网关的系统设置。

任务实施

任务实施指引	工业智能网关的基本参数配置包括配置前的准备工作和基本参数配置两大步骤。其中，基本参数配置又包括若干个配置步骤，需要结合工业智能网关配置界面的结构，对基本参数进行逐个配置

3.3.1 认识工业智能网关的配置界面

工业智能网关配置界面的结构大体相同，其型号、采集设备及数据采集的需求略有不同。本任务将以振动传感器数据采集所选用的工业智能网关配置界面为例，详细介绍网络设置、数据采集和系统信息的相关内容。

VT-SDU-N001 的配置界面分为 5 个部分，分别为网络设置、MQTT、串口设置、数据采集和系统信息。VT-SDU-N001 的配置界面如图 3-24 所示。

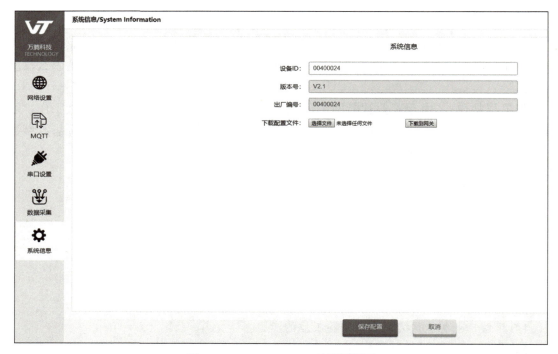

图 3-24　VT-SDU-N001 的配置界面

MQTT 和串口设置的内容将在后续数据采集项目实施中进行详细介绍。

1. 系统信息

系统信息内容主要包括设备 ID、版本号、出厂编号和下载配置文件。其中，除了设备 ID 可以根据实际工作进行修改，其他信息皆为默认。下载配置文件选择"厂家维护接口"，在此不做详细解析。

2. 网络设置

网络设置界面如图 3-25 所示,网络设置分为两部分。图 3-25 左侧部分为数据上传接口设置,与计算机 IP 地址处于同一网段;图 3-25 右侧部分为设备接口设置,由于采用的是振动传感器,工业智能网关与传感器直接连接,无须额外设置。

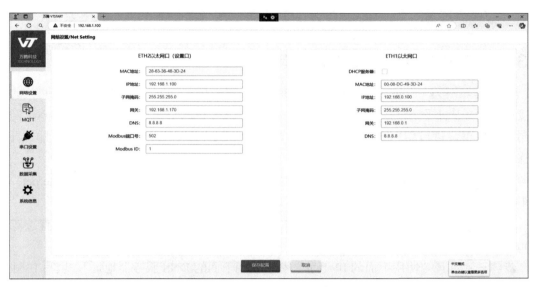

图 3-25　网络设置界面

3. 数据采集

数据采集主要包括电流采集量程、电压采集量程、Modbus 映射区域和协议状态,需要具体设置。工业智能网关数据采集界面如图 3-26 所示。

图 3-26　工业智能网关数据采集界面

3.3.2 工业智能网关配置前的准备工作

工业智能网关（已选定为 VT-EDU-N001 型）通电后，用网线连接工业智能网关的上传接口网口（Web 登录网口）与计算机网口，设置计算机的 IP 地址与 VT-EDU-N001 网关在同一网段下，进行用户侧 IP 地址设置，即 192.168.1.100（智能网关默认 IP 地址），具体步骤如下。

步骤一：在 Windows 操作系统下选择"开始"→"控制面板"→"网络和 Internet"→"网络和共享中心"→"更改适配器"→"本地连接"→"属性"。

步骤二：选择"Internet 协议版本 4（TCP/IPv4）"，然后单击"属性"，或者直接双击"Internet 协议版本（TCP/IPv4）"。

步骤三：选择"使用下面的 IP 地址"和"使用下面的 DNS 服务器地址"，填写 IP 地址为"192.168.1.×××"（×××的范围：2~99，101~254）；子网掩码为"255.255.255.0"；默认网关为"192.168.1.1"（可以忽略）；DNS 服务器为"114.114.114.114"（可以忽略）；填写完毕后，单击"确定"按键，保存设置。

计算机 IP 地址设置如图 3-27 所示。

图 3-27　计算机 IP 地址设置

任务考核

配置工业智能网关基本参数考核见表 3-11。结合小组的任务实施情况，对每名学生进行任务实施考核。考核过程参照工业互联网设备数据采集 1+X 职业技能等级证书制度试点要求，并将结果记录在表 3-11 中。学生进行互评，再请教师复评。通过任务实施评价，各小组之间、学生之间可以通过分享实施过程，相互借鉴经验。

表 3-11　配置工业智能网关基本参数考核

班级：						
小组：			姓名：			
			学号：			
项　目		要　求	应　得　分		得分	备注
任务实施	配置前的准备工作	能够配置计算机端（PC 端）网络参数与智能网关在同一网段内；能够根据所学知识进入智能网关配置界面	准确率	15		
			速度	15		
	工业智能网关配置界面	熟知配置界面内容、配置参数的含义和默认数值	准确率	15		
			完整性	15		
任务评价	小组互评	从信息获取、信息处理、分析归纳、工作态度、职业素养等方面进行评价	20			
	教师评价	从信息获取、信息处理、分析归纳、工作态度、职业素养等方面进行评价	20			
合计						
经验总结						

课后活动

一、填空题

1. 工业智能网关配置界面分为 5 个部分，分别为_____、MQTT、_____、_____和系统信息。

2. 工业智能网关网络设置分为两部分，_____侧部分为数据上传接口设置，与计算机的 IP 地址处于_____网段。

3. 工业智能网关配置界面中数据采集主要包括_____、_____和 Modbus 映射区域，需要具体设置。

二、问答题

简要阐述设置计算机 IP 地址与工业智能网关同一网段的步骤。

工业数据采集

3.4 配置工业智能网关采集参数

任务描述

工业智能网关的基本参数配置完成后，小刘问张工程师："张工，我们刚学了工业智能网关的配置界面，不仅有基本参数配置，还有很多其他的配置项目。接下来，是不是要把这些内容也一起教给我呀！"

张工程师笑了笑，夸赞小刘是个聪明又上进的员工："没错，接下来，我们要学习怎样在工业智能网关中添加工业设备，以及添加工业设备产生的工业数据。这一系列操作更为烦琐和专业，有很多知识点需要你认真记录，不然一个地方出错，就可能无法采集到正确的数据了"。

学习目标

素质目标：
1）养成科学严谨的工作态度。
2）体验工作的成就感，树立热爱劳动的意识。
3）培养团结意识。

知识目标：
1）了解工业智能网关网络设置的步骤。
2）了解工业智能网关数据采集设置的步骤。

能力目标：
1）能够正确在 Web 界面进行网络设置。
2）能够正确在 Web 界面进行数据采集设置。

3.4.1 通过 Web 浏览器登录工业智能网关配置界面

通过 Web 浏览器登录工业智能网关配置界面，在地址栏中输入"http：//192.168.1.201"（默认为 192.168.1.100）进行登录。

3.4.2 工业智能网关的系统信息配置和网络配置

1. 工业智能网关的系统信息配置

在工业智能网关的系统信息配置界面中，只有设备 ID 可以进行设置。通常来说不用修改，但当现场设备繁多、种类复杂，且需要规范化管理时，建议对工业智能网关进行规律化、规范化命名（只能由数字、大小写英文字母及下划线构成）。

2. 工业智能网关的网络配置

ETH2 以太网口为数据接口，与 PC 端连接，其 IP 地址可以进行重新配置。需要注意的是，IP 地址应与计算机的网络配置在同一网段，末位数字需要不同。子网掩码、网关、DNS 按网络要求设置，分别默认设置为 "255.255.255.0"、"192.168.1.251"、"8.8.8.8"。其余参数如 Modbus 端口号和 Modbus ID 分别为默认值 "502" 和 "1"，不需要改动。

由于振动传感器通过 AI1+/AI1− 电流采集设备接口连接工业智能网关，所以 ETH1 以太网不需要进行额外设置。工业智能网关的网络配置界面如图 3-28 所示。

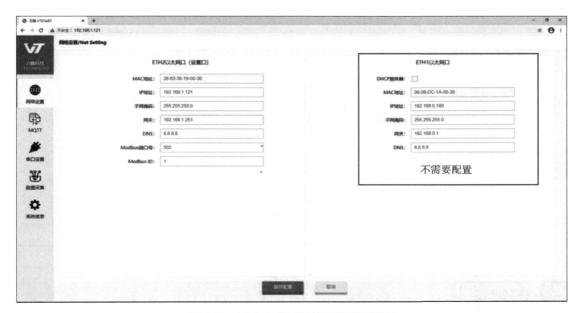

图 3-28　工业智能网关的网络配置界面

3.4.3　智能网关的数据采集配置

1. 量程

采集振动传感器的设备信息时需要关注其量程。在对工业智能网关进行数据采集配置时，需要根据数据采集的实际需求填写量程。由于本任务所使用的振动传感器为 DC 4~20mA 模拟量输出，需要填写的电流采集量程为 "20mA"。工业智能网关数据采集配置界面如图 3-29 所示。

2. Modbus 映射区域

本任务采集振动传感器的振动值为单一设备、单一数据。我们默认 Modbus 映射区域为 "1"。

图 3-29 工业智能网关数据采集配置界面

随堂笔记

_____
_____
_____
_____

任务考核

配置工业智能网关采集参数考核见表 3-12，结合小组的任务实施情况，对每名学生进行任务实施考核。考核过程参照工业互联网设备数据采集 1+X 职业技能等级证书制度试点要求，并将结果记录在表 3-12 中。学生进行互评，再请教师复评。通过任务实施评价，各小组之间、学生之间可以分享实施过程，相互借鉴经验。

表 3-12 配置工业智能网关采集参数考核

班级：						
小组：			姓名：			
			学号：			
	项目	要 求	应 得 分		得分	备注
任务实施	登录工业智能网关配置界面	能熟练登录工业智能网关配置界面	准确率	10		
			速度	5		
	进行信息配置和网络配置	注意命名规范，并完成网络配置	准确率	15		
			完整性	10		
	数据采集配置	填写正确的采集量程	准确率	20		

(续)

项目		要　　求	应　得　分	得分	备注
任务评价	小组互评	从信息获取、信息处理、分析归纳、工作态度、职业素养等方面进行评价	20		
	教师评价	从信息获取、信息处理、分析归纳、工作态度、职业素养等方面进行评价	20		
		合计			
	经验总结				

 课后活动

一、填空题

1. 工业智能网关_____以太网口为数据接口，与 PC 端连接。
2. 振动传感器通过_____端口采集设备接口连接工业智能网关。

二、判断题

1. 工业智能网关的数据采集配置中量程是固定的，一般不需要配置。（　　）
2. 工业智能网关的数据采集配置中设备 ID 可根据实际需要配置。（　　）

三、问答题

简要阐述工业智能网关数据采集配置界面的各个选项功能。

3.5　测试工业互联网设备数据采集系统

任务描述

经过网关选型、电缆制作、网关连接、参数配置等一系列过程后，小刘感觉自己距离成功只有一步之遥，张工程师说："小刘，先别着急采集传感器数据，这里还有一个重要的步骤，那就是测试咱们所搭建的工业互联网设备数据采集系统能否正常运行。"

测试工业互联网设备数据采集系统

 学习目标

素质目标：

1）养成科学严谨的工作态度。
2）体验工作的成就感，树立热爱劳动的意识。
3）塑造工匠精神。

知识目标：
1）了解工业智能网关的网络连接状态检测方法。
2）了解常用网络工具的使用方法。
3）了解工业数据的存储方法、查询方法。

能力目标：
1）能够通过计算机正确检测网关设备的网络连接状态。
2）能够分析设备的网络连接质量。
3）能够正确设置数据采集的频率。
4）能够正确查询存储的历史数据。
5）能够正确判断网关与 PC 端的网络通信数据。

任务实施

3.5.1 测试网络连通性

1. 命令描述

ping 是 Windows、UNIX 和 Linux 系统下的一个命令，也属于通信协议，是 TCP/IP 的一部分。利用 ping 命令可以检查网络是否连通，进一步分析和判定网络故障。应用格式为：ping+IP 地址。该命令还可以添加多个参数来使用，键入"ping"再按回车键即可看到详细说明。

ping 命令用于端对端连通，通常用于检查网络的可用性，但某些木马病毒会强行大量远程执行 ping 命令抢占网络资源，导致系统变慢，网速变慢。严禁 ping 入侵已作为大多数防火墙的一个基本功能并提供给用户进行选择。通常情况下，如果用户的计算机不作为服务器或者不进行网络测试，用户就可以放心地选择严禁 ping 入侵，以保护计算机的安全。

2. ping 命令的使用方法

ping 命令是一个使用频率极高的网络诊断工具，用于确定本地主机是否能与另一台主机交换数据包。根据返回的信息，可以推断 TCP/IP 参数设置是否正确，以及运行是否正常。需要注意的是，成功与另一台主机进行一次或两次数据包交换并不表示 TCP/IP 配置就是正确的，只有成功执行大量的数据包交换，才能确信 TCP/IP 的正确性。下面以 Windows 系统为例，介绍 ping 命令的基本使用方法。

（1）工具

配置有 Windows 系统的计算机。

（2）步骤

用快捷键 Win+R 调出运行命令框，输入"cmd"，单击"确定"按钮，会弹出 DOS 窗口。调出运行命令界面如图 3-30 所示。

ping 命令的应用格式如下：

1）ping+IP 地址或主机域名。

图 3-30　调出运行命令界面

2）ping+IP 地址或主机域名 + 命令参数。

3）ping+ 命令参数 +IP 地址或主机域名。

需要注意的是，"+"要换成空格。当使用第一种格式时，默认只发送 4 个数据包，如 ping 192.168.1.201。运行 ping 命令界面如图 3-31 所示。

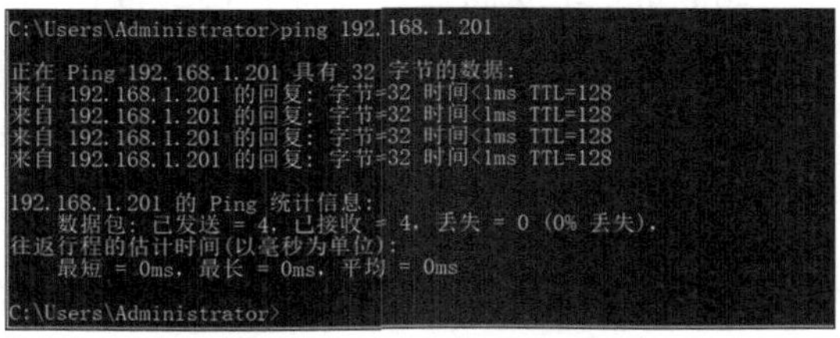

图 3-31 中，192.168.1.201 为目的主机的地址；字节表示发送数据包的大小，默认为 32 字节；时间表示从发出数据包到接收数据包，再到返回数据包所用的时间；TTL 表示生存时间值。该字段指定 IP 包被路由器丢弃之前允许通过的最大网段数量。

图 3-31 运行 ping 命令界面

可以通过 ping 命令统计信息查看地址为 192.168.1.201 的主机的网络连接情况。

通过添加命令参数，可以改变数据包发送次数、字节长短等。在 DOS 窗口中输入"ping+ 命令参数"（注意，ping 和命令参数之间有一个空格，不可省略），或者直接输入"ping"加一个空格，按回车键，会显示出 ping 命令的帮助说明。查看 ping 命令帮助说明如图 3-32 所示。

图 3-32 查看 ping 命令帮助说明

常使用的命令参数有 -t、-a、-n count、-l size 等。下面简单介绍这些参数的使用方法。

运行"ping 主机 IP-t"如图 3-33 所示。-t 表示不间断向目标地址发送数据包，直到强迫其停止。如果要查看统计信息并继续发

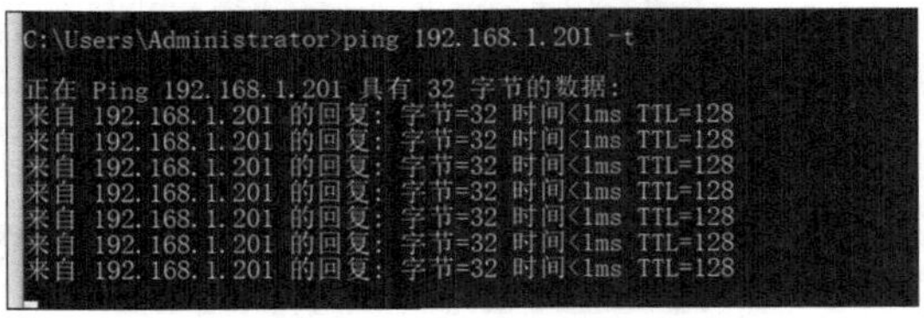

图 3-33 运行"ping 主机 IP-t"

送数据包，则按下 Ctrl+Break（Pause Break）组合键。如果要终止发送数据包，则按下 Ctrl+C 组合键。

-n count 定义向目标地址发送数据包的次数。如果 -t 和 -n 两个参数一起使用，ping 命令将以放在后面的参数为准，如 "ping 主机 IP-t-n 10"，虽然使用了 -t 参数，但并不是一直 ping 下去，而是只 ping 了 10 次。运行 "ping 主机 IP-t-n 10" 如图 3-34 所示。

-1 size 定义发送数据包的大小，默认情况下是 32 字节，利用它可以最大定义到 65500 字节。运行 "ping 主机 IP-1 100" 如图 3-35 所示。

图 3-34　运行 "ping 主机 IP-t-n 10"　　　　图 3-35　运行 "ping 主机 IP-1 100"

3.5.2　测试工业智能网关数据通信的准确性

工业智能网关与 Web 客户端之间使用 Modbus TCP 上传数据。使用 Web 客户端查看采集的数据步骤如下。

（1）登录 Web 客户端

打开 Web 浏览器输入 "http：//localhost：8081"，进入 Web 客户端界面。登录工业互联网设备数据采集系统，如图 3-36 所示。

图 3-36　登录工业互联网设备数据采集系统

（2）进入对应任务——振动传感器项目

采集振动传感器数据初始界面如图 3-37 所示，输入对应的工业智能网关的 IP（如 192.168.1.201，选择网关不同，IP 地址会不同）和端口号（默认 502），单击"连接"，在图 3-37 所示界面右侧就会出现采集到的振幅值，每单击一次连接，就更新一次采集的数据。

图 3-37　采集振动传感器数据初始界面

如果输入的智能网关 IP 地址错误或智能网关连接错误，就会出现错误信息提示。这时需要检查 PC 端与智能网关之间网络是否正常，智能网关 502 端口是否被占用。连接错误提示框如图 3-38 所示。

采集振动传感器数据结果如图 3-39 所示。

如果想增大振动变化值，则可以敲击附近金属结构件查看数据变化。

图 3-38　连接错误提示框

图 3-39　采集振动传感器数据结果

3.5.3 测试工业智能网关数据通信的实时性

工业智能网关与 Web 客户端之间使用 Modbus TCP 上传数据，VT-EDU-N001 型工业智能网关采集振动传感器上传数据的通信地址及寄存器定义如图 3-40 所示。

地址含义	Modbus ID	Modbus 地址	长度	读取值	实际值换算公式及单位	备注
振动	1	0	1	读数/1000	(50-0)/(20-4)×(读数/1000-4)；单位为mm/s	对应振动传感器；如果想增大振动变化值，则可敲击附近金属结构件
电流	1	1	1	读数/1000	(5-0)/(20-4)×(读数/1000-4)；单位为A	对应直流电流变送器
模拟量接近开关	1	2	1	读数/1000	(15-3)/(10-1)×(读数/1000-1)+1；单位为mm	线性关系；越远数值越大，最远为15mm
开关量接近开关	1	3	1	0或1	检测到金属为1，未检测到金属为0	1：接近，0：远离
温度	1	20000	1	读数/10	读数/10	对应温湿度传感器；传感器的ID=2
湿度	1	20001	1	读数/10	读数/10	
噪声	1	30000	1	读数/10	读数/10	对应噪声传感器；传感器的ID=3
采集网关IP：192.168.1.201						

图 3-40　VT-EDU-N001 型工业智能网关采集振动传感器上传数据的通信地址及寄存器定义

真实的工业现场数据采集过程会使用较为专业的工具来测试，如 Modbus Poll。

（1）Modbus Poll 和 Modbus Slave

Modbus Poll：Modbus 主机仿真器，用于测试和调试 Modbus 从设备。该软件支持 Modbus RTU、ASCII、TCP/IP，可用来帮助开发人员测试 Modbus 从设备，或者其他 Modbus 协议的测试和仿真。它支持多文档接口，即可以同时监视多个从设备/数据域。可以在每个窗口简单地设定从设备 ID、功能、地址、大小和轮询间隔，可以从任意一个窗口读/写寄存器和线圈。如果想改变一个单独的寄存器，那么双击这个值即可。或者可以改变多个寄存器/线圈值，提供数据的多种格式，如浮点、双精度、长整型（可以字节、序列交换）。

Modbus Slave：Modbus 从设备仿真器，可以仿真 32 个从设备/地址域。每个接口都提供了对 Excel 报表的 OLE 自动化支持，主要用来模拟 Modbus 从站设备，接收主站的命令包，回送数据包，帮助 Modbus 通信设备开发人员进行 Modbus 通信协议的模拟和测试，用于模拟、测试、调试 Modbus 通信设备。可以从 32 个窗口中模拟多达 32 个 Modbus 子设备。与 Modbus Poll 的用户界面相同，Modbus Salve 支持功能 01、02、03、04、05、06、15、16、22 和 23，监视串口数据。

Modbus Poll 软件图标如图 3-41 所示。

（2）Modbus Poll 的使用步骤

从 PC 端打开 Modbus Poll 客户端，单击"Connection"→"Connect"命令，如图 3-42 所示。

图 3-41　Modbus Poll 软件图标

在"Connection Setup"界面选择"Modbus TCP/IP"，输入网关 Web 登录 IP 地址"192.168.1.201"和 Modbus 端口号"502"，然后单击"OK"按钮。进入"Connection Setup"界面，如图 3-43 所示，显示连接成功的界面如图 3-44 所示。

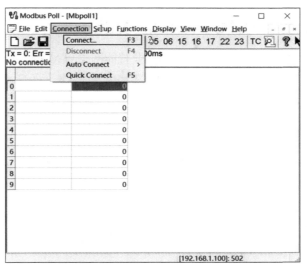

图 3-42 "Connection" 命令界面

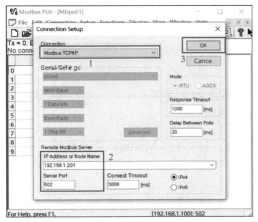

图 3-43 进入 "Connection Setup" 界面

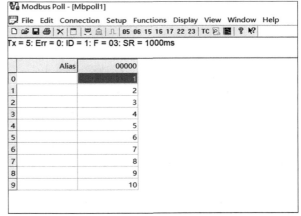

图 3-44 显示连接成功的界面

图 3-44 左上角的 Tx 为通信次数，Err 为错误次数（没通信成功的次数），ID 为设备的通信 ID，F 为功能，SR 为通信时间；如果出现 "Connect Timeout"，则说明通信没有连接上，可能是连接参数选择错误，或者是设备 ID（通信接口）错误。

寄存器 0 地址就是采集到的振动传感器的数据，通过换算公式可以计算出振动幅值。

振动幅值的实际值计算公式为

$$振动幅值 = (50-0)/(20-4) \times (读数/1000-4) \text{（mm/s）}$$

例如：当寄存器 0 地址读数为 4723 时，代入振动幅值的实际值计算公式可得实际振动幅值为 2.26mm/s。如果想增大振动变化值，则可敲击附近金属结构件查看数据变化。

目前为止，采集振动传感器数据的项目已全部完成，结束前按照断开电源、拔出连线、关闭计算机的顺序整理好实训台上的各种物品。

3.5.4 测试工业智能网关数据通信的稳定性

使用专业的网络抓包软件 Wireshark，监测工业智能网关与 Modbus Poll 之间的通信稳定性。Wireshark 登录界面如图 3-45 所示，首先选择本地连接，然后单击图 3-45 左上角的"开始捕获"按钮，或双击"本地连接"都可捕获网络数据。

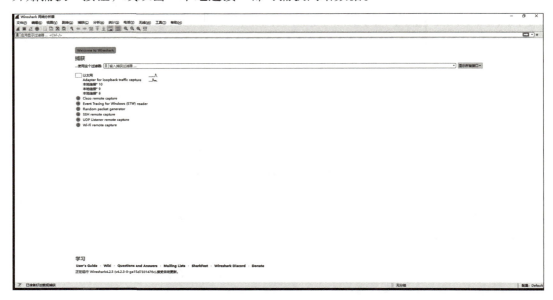

图 3-45　Wireshark 登录界面

在应用显示过滤器中输入"Modbus"，按回车键后可以过滤 Modbus 协议数据。有效数据界面如图 3-46 所示。

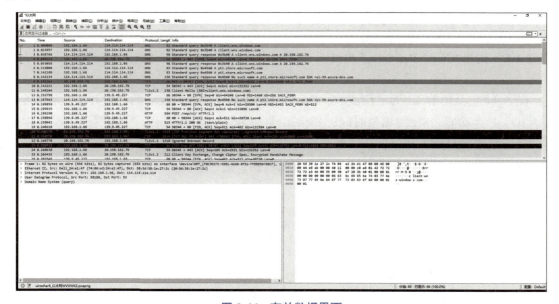

图 3-46　有效数据界面

通过图 3-46 中的数据信息可以看到网关和计算机一直在通信，说明网络正常。查看单条数据如图 3-47 所示。

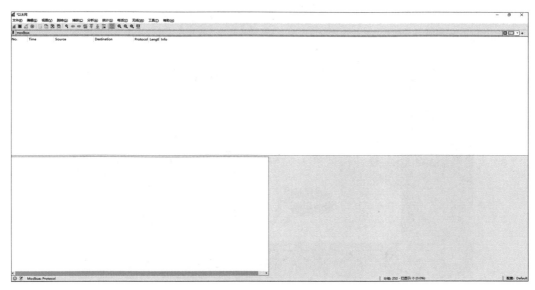

图 3-47　查看单条数据

3.5.5　采集数据存储配置及历史数据查询

1. 登录 Web 客户端

打开 Web 浏览器，输入"http：//localhost：8081"，进入 Web 客户端界面，登录工业互联网设备数据采集系统。

2. 进入对应任务——采集振动传感器项目

采集振动传感器数据界面如图 3-48 所示。图 3-48 左侧为实训项目名称，单击对应项目名称可进入相应实训项目，右侧为采集配置区及采集数据展示区。单击图 3-48 左侧"采集振动传感器数据"，进入采集振动传感器数据界面。

图 3-48　采集振动传感器数据界面

3. 存盘时间设置

根据采集的设备数据需求设置存盘时间间隔（即采样周期），通过单击图 3-48 右上方的"数据存储"按钮，进入存储设置界面。采集数据存储设置如图 3-49 所示，可以设置存盘时间间隔和是否保存数据。

图 3-49　采集数据存储设置

 知识链接

第 1 章列举了常见的采样周期，请参考表 1-8，填写正确的振动传感器采样周期。

4. 历史数据查询及导出

如果选择了存储采集数据，则可以通过数据查询查看历史数据。查看采集的历史数据界面如图 3-50 所示，单击图 3-50 右上方的"历史数据"按钮，进入相应界面，选择查询的时间段，单击"查询"按钮。

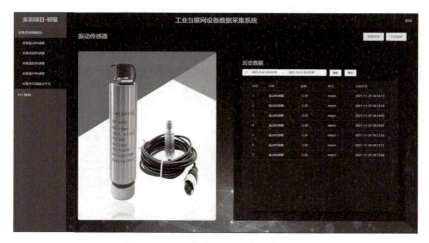

图 3-50　查看采集的历史数据界面

单击"导出"按钮,导出所查询的历史数据,以 Excel 文件格式保存。查询结果数据导出如图 3-51 所示,历史数据导出结果如图 3-52 所示。

图 3-51 查询结果数据导出

图 3-52 历史数据导出结果

测试工业互联网设备数据采集系统分工明细见表 3-13。为了保证任务的顺利实施,应先做好相应的计划。根据任务内容,各小组做好计划,分工到每个组员,然后按照小组决策将本组的工作计划填入表 3-13。

表 3-13 测试工业互联网设备数据采集系统分工明细

序 号	任 务 分 工	操 作 人 员	注 意 事 项
1	查看传感器数据类型,选择对应的工业智能网关		
2	连接传感器及工业智能网关采集接口		
3	配置工业智能网关参数信息		
4	测试工业智能网关与 PC 端的网络连通性		
5	测试工业智能网关数据通信的准确性、实时性、稳定性		
6	配置采集频率,根据条件查询存储的历史数据		
7	填写工业互联网设备数据采集系统测试报告		

测试工业互联网设备数据采集系统作业检查明细见表 3-14。以小组为单位,组内学员每两人一组互换任务单,对已设置的工业智能网关采集参数是否全面、准确、合理进行检查,并将检查结果记录在表 3-14 中。

工业数据采集

表 3-14　测试工业互联网设备数据采集系统作业检查明细

班级：			姓名：		
小组：			学号：		
序　号	检　查　项　目		是	否	分值
1	能够通过计算机正确检测网关设备的网络连接状态				30
2	能够分析设备网络连接质量				40
3	能够正确判断网关与 PC 端的网络通信数据				30
	合计				

任务考核

测试工业互联网设备数据采集系统考核见表 3-15，结合小组的任务实施情况，对每名学生进行任务实施考核。考核过程参照工业互联网设备数据采集 1+X 职业技能等级证书制度试点要求，并将检查结果记录在表 3-15 中。学生进行互评，再请教师复评。通过任务实施评价，各小组之间、学生之间可以分享实施过程，相互借鉴经验。

表 3-15　测试工业互联网设备数据采集系统考核

班级：				姓名：		
小组：				学号：		
	项　　目		要　　求		应得分	得分	备注
任务实施	测试网络连通性		会用 ping 命令进行测试	准确率	10		
	测试工业智能网关数据通信的准确性		通过 Web 端进行振幅数值查看	准确率	10		
				完整性	10		
	测试工业智能网关数据通信的实时性		会使用 Modbus Poll 查看数据	准确率	10		
				完整性	10		
	测试工业智能网关数据通信的稳定性		掌握稳定性的含义和验证方法	准确率	10		
任务评价	小组互评		从信息获取、信息处理、分析归纳、工作态度、职业素养等方面进行评价		20		
	教师评价		从信息获取、信息处理、分析归纳、工作态度、职业素养等方面进行评价		20		
			合计				
	经验总结						

任务实施评价

测试工业互联网设备数据采集系统项目评价见表 3-16。综合小组的任务实施情况，对照项目评价表，学生进行互评，再请教师复评。通过任务实施评价，各小组之间、学生之间可以分享实施过程，相互借鉴经验，最后将评价结果记录在表 3-16 中。

表 3-16 测试工业互联网设备数据采集系统项目评价

专业：		姓名：	
班级：		学号：	

各位同学：

为了考查"测试工业互联网设备数据采集系统"的教学效果，请针对下列评价项目并参考评价标准，于自评部分填写 A、B、C、D、E 其中一项后，再请教师复评

评价项目	评价标准				
	A	B	C	D	E
1. 安全规范操作（10%）	能够很好地执行安全操作守则，操作过程无任何安全隐患	能够很好地执行安全操作守则，操作过程有极少的安全隐患	能够较好地执行安全操作守则，操作过程有少量安全隐患	能够基本执行安全操作守则，操作过程存在隐患	不能执行安全操作守则，操作过程发生安全事故
2. 信息获取（15%）	能够准确识读任务信息，准确使用信息	能够准确识读任务信息，使用信息错误极少	能够基本识读任务信息，使用信息错误较少	能够基本识读任务信息，使用信息错误较多	不能准确识读任务信息，使用信息完全错误
3. 工作能力（50%）	能够很好地根据任务工单完成指定操作项目，实施方案准确，操作过程正确、熟练	能够较好地根据任务工单完成指定操作项目，实施方案准确，操作过程较为正确、熟练	能够根据任务工单完成指定操作项目，实施方案准确，操作过程基本正确、较为熟练	能够根据任务工单基本完成指定操作项目，实施方案基本准确，操作过程基本正确	不能根据任务工单完成指定操作项目，实施方案不准确，操作过程不正确
4. 工作态度（15%）	操作过程熟练、规范、正确	操作过程较熟练、较规范、正确	操作过程较熟练、较规范、基本正确	操作过程较规范、基本正确	操作过程不规范、不正确
5. 职业素养（10%）	6S 操作规范，有很强的职业素养	6S 操作规范，有较强的职业素养	6S 操作较为规范，有一定的职业素养	6S 操作较为规范，有基本的职业素养	6S 操作不规范职业素养欠缺

注：在各项目中，A、B、C、D、E 依次占配分的 100%、80%、60%、30%、0%

评价项目	自评与教师复评（A~E）		
	自评	校内教师复评	企业教师复评
1. 安全规范操作（10%）			
2. 信息获取（15%）			
3. 工作能力（50%）			
4. 工作态度（15%）			
5. 职业素养（10%）			
合计			
评价教师			
经验分享			

任务实施处理

在任务实施过程中，往往会忽视很多问题，使实施过程和结果不尽如人意。只有不断反思和训练，才能提高技能。

任务实施问题改进见表 3-17。总结自己在实施任务过程中遇到的问题，反思并完成表 3-17（后续改进计划可附表）。

表 3-17　任务实施问题改进

专业：		班级：	
姓名：		学号：	
任务实施问题点			
改进计划			
改进后任务实施达标情况	□ 达到预期		□ 未达到预期
没达到预期效果的原因			
再次改进计划			

3.6　采集其他传感器

 **任务描述**

"采集振动传感器的基本步骤我已经教给你了，接下来我来考考你。"张工程师说，"我需要你根据前面所学的知识，独立完成采集其他种类的传感器数据的任务，并能够保证采集到正确的数据。"

小刘默默地想：这有什么难的，都是传感器而已。张工好像看出了小刘的心思，笑了笑并说道："千万别小看任何一项工作，你要认真细致地完成它，采集到准确的数据，我才算你这个项目实践通过。"

学习目标

素质目标：

1）养成科学严谨的工作态度。

2）养成"修身"的习惯，培养劳动精神。

3）培养举一反三的学习能力。

知识目标：

1）认识电流传感器及其主要技术参数。

2）熟悉通信电缆制作和检测过程中使用的工具。

3）熟悉工业智能网关基本参数的设置步骤。

4）熟悉工业智能网关采集参数的设置步骤。

能力目标：

1）能够正确识别电流变送器参数。

2）能够正确制作、检测通信电缆。

3）能够正确配置工业智能网关参数。

4）能够正确连接工业智能网关与传感器采集接口。

5）测试工业互联网设备数据采集系统，并判断采集的数据是否准确。

任务实施

任务实施指引	根据前文所述的 5 个任务可知，完成一个传感器数据采集项目需要 5 个步骤：选择工业智能网关、连接振动传感器和工业智能网关、配置工业智能网关基本参数、配置工业智能网关采集参数及测试工业互联网设备数据采集系统。本任务以电流传感器为采集对象，按上述步骤对电流传感器进行一次完整的数据采集项目实施

创设情景

为了加深对传感器数据采集流程的理解和掌握，接下来根据所学知识采集电流传感器的数据。本节的应用场景是利用电流传感器采集通过电动机的电流值。电流传感器（变送器）技术参数如图 3-53 所示。

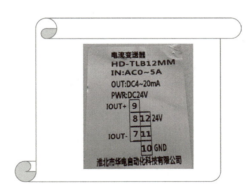

图 3-53　电流传感器（变送器）技术参数

3.6.1　选择工业智能网关

1. 认识电流传感器

电流传感器是一种检测装置，能感受被测电流的信息，并能将检测到的信息按一定规律变换成符合一定标准需要的电信号或其他所需形式的信息输出，以满足信息的传输、处理、存储、显示、记录和控制等要求。电流传感器（变送器）实物如图 3-54 所示。

电流传感器依据不同的测量原理，可分为分流器、电磁式电流互感器、电子式电流互感器。

图 3-54　电流传感器（变送器）实物

2. 电流传感器的主要信息

（1）基本信息

在本任务中，设备基本信息收集情况见表 3-18。

表 3-18　设备基本信息收集情况

设备类型	设备名称	生产厂家	设备型号	设备数量/台	备注
传感器	电流变送器	淮北市华电自动化科技有限公司	HD-TLB12MM	1	

（2）设备参数

通过查阅产品说明书，能够了解本任务所选用的 HD-TLB12MM 型电流传感器的全部技术参数。HD-TLB12MM 型电流传感器设备参数信息见表 3-19。

表 3-19　HD-TLB12MM 型电流传感器设备参数信息

序号	设备参数	技术指标
1	量程	DC 0~5A
2	额定输出	DC 4~20mA
3	工作电压	DC 24V
4	接线方式	二线制
5	线性度	0.1%
6	准确度	0.5%
7	频带宽度	5~20kHz
8	过载能力	30 倍标称输入
9	消耗电流	<15mA+ 输出电流
10	隔离耐压	2.5kV/50Hz，1min
11	响应时间	<200ms
12	失调电压	≤10mV
13	工作温度	−10~70℃
14	温度漂移	每摄氏度 ≤0.05%
15	存储温度	−25~85℃
16	安装方式	标准导轨 + 平面螺钉固定

需要收集的设备参数信息见表 3-20。

表 3-20 需要收集的设备参数信息

序 号	设 备 参 数	技 术 指 标
1	输出方式	DC 4~20mA
2	接线方式	二线制
3	量程	DC 0~5A
4	准确度	0.5%

（3）数据信息

电流传感器采集的数据为电流。

电流是单位时间内通过导体某一横截面的电荷量，用 I 表示。习惯上将正电荷的运动方向规定为电流的方向。在导体中，电流的方向总是沿着电场方向从高电动势处指向低电动势处。在国际单位制中，电流的单位是安培（A）。

3. 选择工业智能网关

由以上信息可知，本任务需要采集 DC 4~20mA 的直流电流，需要使用网关的模拟量采集功能，根据前期任务获取的知识，应选择 VT-EDU-N001 型工业智能网关。采集带有电流传感器设备数据的评估报告见表 3-21。

表 3-21 采集带有电流传感器设备数据的评估报告

班级：			姓名：	
小组：			学号：	
	名 称	内 容	备 注	
传感器参数	输出数据、量程			
	传感器数据端口			
	传感器数据输出方式			
	数据采集连接方式			
	工业智能网关型号			
	工业智能网关采集接口			
	采集数据上传协议			
	总结			

📝 随堂笔记

3.6.2 通信电缆的制作、检测与连接

1. 通信电缆的制作、检测

本任务中使用的依然是 RVB 线,详见 3.2 节中的相关内容。

2. 通信电缆的连接

在连接通信电缆时,RVB 线的红色正极(+)和黑色负极(-)分别对应实训台电流传感器接口的 A+ 和 A-。另一端连接工业智能网关 VT-EDU-N001 的电流模拟量接口的 AI1+ 和 AI1-(AI2+ 和 AI2- 也可)。

通信电缆的连接步骤见 3.2 节中的相关内容。

3.6.3 工业智能网关的基本参数配置

1. 了解基本参数配置的步骤

复习网关配置界面,了解网关所需的配置参数,具体内容详见 3.3 节中的相关内容。

2. 基本参数配置前的准备工作

配置网关前,修改本地计算机 IP 地址与网关于同一网段,具体内容详见 3.3 节中的相关内容。

3.6.4 工业智能网关的采集参数配置

1. 系统配置

在系统配置界面中,只有设备 ID 可以进行设置(无特殊要求可不修改)。

2. 网络配置

ETH2 以太网口为数据接口,与 PC 端连接,其 IP 地址可进行重新配置。需要注意的是,ETH2 以太网口应与计算机的网络配置处于同一网段。

3. 数据采集配置

根据所收集的传感器参数,修改工业智能网关的采集量程,填写采集参数界面。具体内容可详见 3.4 节中的相关内容。

3.6.5 测试工业互联网设备数据采集系统

1. 测试网络连通性

根据 ping 命令测试 PC 端与网关的网络连通性。

2. 测试网络传输的准确性

采集电流传感器数据初始界面如图 3-55 所示,通过 Web 界面获取电流大小的数值。

3. 测试网络传输的稳定性

使用 Modbus Poll 实时获取工业智能网关数据,通过 Wireshark 抓包软件测试 Modbus 协议网络传输的稳定性。

第 3 章 采集振动传感器数据

图 3-55 采集电流传感器数据初始界面

4. 测试采集数据的存储及历史查询

(1) 登录 Web 客户端

打开 Web 浏览器输入"http:/localhost：8081"，进入 Web 客户端界面，登录工业互联网设备数据采集系统。

(2) 进入对应任务——采集电流传感器数据项目

采集电流传感器数据界面如图 3-56 所示。图 3-56 左侧为实训项目名称，单击对应项目名称可进入相应实训项目，右侧为采集配置区及采集数据展示区。单击左侧"采集电流传感器数据"，进入采集电流传感器数据界面。

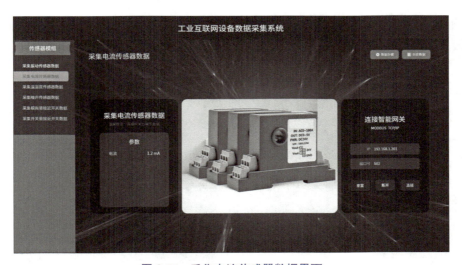

图 3-56 采集电流传感器数据界面

(3) 存盘时间设置

根据所采集的设备数据需求设置存盘时间间隔（即采样周期），通过单击图 3-56 右上方的"数据存储"按钮,进入存储设置界面,可以设置存盘时间间隔和是否保存数据。采集数据存储设置如图3-57所示。

图 3-57　采集数据存储设置

知识链接

第1章列举了常见的采样周期,请参考表1-8,填写正确的电流传感器采样周期。

（4）历史数据查询及导出

如果选择了存储采集数据,则可以通过数据查询查看历史数据。查看采集的历史数据界面如图3-58所示,单击图3-58右上方的"历史数据"按钮,进入相应界面,选择查询的时间段,单击"查询"按钮,右侧列表即可显示查询结果。

图 3-58　查看采集的历史数据界面

单击"导出"按钮,导出所查询的历史数据,以 Excel 格式保存数据。历史数据导出结果如图 3-59 所示。

图 3-59 历史数据导出结果

采集其他传感器数据分工明细见表 3-22。为了保证任务的顺利实施,应先做好相应的计划。根据任务内容,各小组做好计划,分工到每个组员,然后按照小组决策将本组的工作计划填入表 3-22。

表 3-22 采集其他传感器数据分工明细

序 号	任 务 分 工	操 作 人 员	注 意 事 项
1	查看传感器数据类型,选择对应的工业智能网关		
2	连接传感器及工业智能网关采集接口		
3	配置工业智能网关参数信息		
4	测试工业智能网关数据通信的准确性、实时性、稳定性		
5	配置采集频率,根据条件查询存储的历史数据		
6	填写工业互联网设备数据采集系统测试报告		

采集其他传感器数据作业检查明细见表 3-23。以小组为单位,组内学员每两人一组互换任务单,查看已收集的设备和数据信息是否全面、准确,检查最终选择的工业智能网关型号是否合理,并将检查结果记录在表 3-23 中。

表 3-23 采集其他传感器数据作业检查明细

班级:			
小组:		学号:	
序 号	检 查 项 目	是	否	分值

序 号	检 查 项 目	是	否	分值
1	能否正确、全面地收集设备的信息			10
2	能否正确制作、检测和连接通信电缆			30
3	能否正确设置工业智能网关的基本参数			20
4	能否正确配置工业智能网关的采集参数			20
5	能否正确判断工业互联网设备数据采集系统的网络连通性			10
6	能否正确判断工业互联网设备数据采集系统的网络传输稳定性			10
	合计			

采集其他传感器数据考核见表 3-24,结合小组的任务实施情况,对每名学生进行任务

实施考核。考核过程参照工业互联网设备数据采集 1+X 职业技能等级证书制度试点要求，并将结果记录在表 3-24 中。学生进行互评，再请教师复评。通过任务实施评价，各小组之间、学生之间可以分享实施过程，相互借鉴经验。

表 3-24 采集其他传感器数据考核

班级：					姓名：	
小组：					学号：	
项	目	要 求	应 得 分		得分	备注
任务实施	网关选型	熟知电流传感器的定义，根据关键参数选择正确的工业智能网关	准确率	10		
	电缆制作	根据输出方式完成电缆制作与连接	正确率	10		
	基本参数设置	完成工业智能网关基本参数配置操作	完整性	10		
	采集参数设置	完成工业智能网关系统、网络、数据采集配置	准确率	10		
	测试工业互联网数据采集系统	测试网络连通性；测试网络传输准确性	正确率	10		
		测试网络传输稳定性	准确率	10		
任务评价	小组互评	从信息获取、信息处理、分析归纳、工作态度、职业素养等方面进行评价	20			
	教师评价	从信息获取、信息处理、分析归纳、工作态度、职业素养等方面进行评价	20			
合计						
经验总结						

任务实施评价和任务实施处理见 3.5 节。

课后活动

一、填空题

1. 电流传感器是一种检测装置，能感受被测_____的信息，并能将检测到的信息按一定规律变换为符合一定标准需要的_____或_____输出，以满足信息的传输、处理、存储、显示、记录和控制等要求。

2. 电流传感器依据测量原理不同，主要分为_____、_____、电子式电流互感器。

3. 本实训任务所使用的工业智能网关型号为_____。

4. 采集电流传感器所连接的工业智能网关接口为_____和_____。

5. 根据_____命令测试 PC 端与网关的网络连通性。

二、问答题

简要阐述采集一个工业传感器设备数据的步骤。

第 4 章
采集温湿度传感器数据

通过第 3 章的学习,学生已经充分了解并学会了采集振动传感器的数据,本章开始学习采集温湿度传感器数据。与振动传感器相比,采集温湿度传感器数据的个数从一个变为两个,采集协议也由单一的模拟量采集变为 RS485 协议采集,难度稍有提升。

本章从数据采集项目的分支流程入手,通过选择工业智能网关、连接温湿度传感器和工业智能网关、配置工业智能网关基本参数、配置工业智能网关采集参数、测试工业互联网设备数据采集系统 5 个实操步骤,介绍数据采集各个实施步骤中的知识点和技能点。

由于传感器种类众多,其关键参数不尽相同,所以本章最后增加了一个针对噪声传感器的数据采集实施项目,帮助学生提高动手实操能力。

4.1 选择工业智能网关

任务描述

周一,小刘来到公司,张工程师跟他说这周开始做和工业级温湿度传感器有关的项目。看张工还没忙完,小刘打开了公司的计算机,开始搜集温湿度传感器相关资料。

自然界中的一切过程无不与温湿度密切相关。温湿度产品在现代生产生活中的应用非常广泛,机房、工业、农业、仓储等都离不开温湿度管理,特别是在需要实时记录温湿度变化的工作中尤为重要。温湿度传感器可以根据所记录的数据,对各个不同的领域进行科学有效的分析、管理。

如今,民用温湿度传感器的应用越来越普遍,但工业级温湿度传感器仍然占据主导地位,具有测量范围广、测量精度高、集成度高和频率响应快等特点。

张工忙完后,小刘主动到办公室,将自己目前了解到的温湿度传感器相关知识向张工程师娓娓道来,张工满意地点头,然后把小刘带到需要测量温湿度的操作车间,在靠近测

工业数据采集

量物体的地方，安装了一个温湿度传感器。张工说："这次我们直接选择用网口上传数据，所以你要把重点放在温湿度传感器本身和它产生的数据上。"

 学习目标

素质目标：
1）养成科学严谨的工作态度。
2）塑造工匠精神。

知识目标：
1）理解设备信息收集的基本概念和方法。
2）理解采集对象数据信息的基本概念。
3）了解工业智能网关选型涉及的其他信息。

能力目标：
1）能够准确收集设备信息。
2）能够准确收集采集对象的数据信息。
3）能够准确收集其他相关信息。
4）能够结合设备信息和数据信息选择合适的工业智能网关。

 任务实施

任务实施指引	在教师的指导下，学生收集尽可能详细、准确的现场信息，并根据这一场景填写一份全面的工业现场信息收集表，然后判断使用哪个网关可以完成这一任务，最终实现为温湿度传感器选择一个合适工业智能网关的目标

工业现场信息收集见表 4-1。

表 4-1 工业现场信息收集

设备基本信息					
项目					
详细信息					
设备参数信息					
参数					
技术指标					
数据信息					
数据名称					
数据特征					
其他信息					
项目					
详细信息					

4.1.1 温湿度传感器的概念

1. 定义

温湿度传感器是指将温度量和湿度量转换成容易被测量处理的电信号的设备或装置,多以温湿度一体式的探头作为测温元件,采集温度和湿度信号,转换成与温度和湿度呈线性关系的电流信号或电压信号输出。各类温湿度传感器如图 4-1 所示。

温湿度传感器概述

2. 温湿度传感器的主要类型

温湿度传感器主要分为以下 3 种。

(1) 温湿度一体化模拟量型传感器

温湿度一体化模拟量型传感器采用数字集成传感器作为探头,配以数字化处理电路,从而将环境中的温度和相对湿度转换成与之相对应的标准模拟信号,DC 4~20mA、DC 0~5V 或者 DC 0~10V。温湿度一体化模拟量型传感器可以同时将温度及湿度值的变化转换为电流/电压值的变化,直接与各种标准模拟量输入的二次仪表连接。

图 4-1 各类温湿度传感器

(2) RS485 型温湿度传感器

RS485 型温湿度传感器电路采用微处理器芯片、温度传感器和湿度传感器,确保产品的可靠性、稳定性和互换性,并采用颗粒烧结探头护套,探头与壳体直接相连。该传感器输出信号类型为 RS485,能可靠地与上位机系统等进行集散监控,最远通信距离可达 1000m,使用标准 Modbus 协议,支持二次开发。

(3) 网络型温湿度传感器

网络型温湿度传感器可采集温湿度数据并通过以太网、Wi-Fi 和 GPRS 方式上传到服务器,充分利用已架设好的通信网络实现远距离的数据采集和传输,实现温湿度数据的集中监控,可减少施工量,提高施工效率和维护成本。

3. 常见使用场景

工业、农业、商业、科研、国防、医学及环保等领域都与温湿度有着密不可分的关系。温湿度传感器是实现温湿度检测与控制的重要器件,在种类繁多的传感器中,温湿度传感器是应用最广泛、发展最快的传感器之一。在工业生产自动化流程中,温湿度测量点占全部测量点的一半左右。如在钢铁冶炼过程中,准确地控制冶炼温度可以明显地提高产品质量,还能节能降耗;在石油炼化厂,准确地控制裂解温度,可以得到不同品质的柴油系列产品。

下面以温湿度传感器在纺织定型机上的节能应用为例介绍温湿度传感器。

我国的纺织印染行业具有高度集中性,主要聚集于沿海各省市。纺织印染工艺流程具有耗水较大的特点，工艺流程大致分为坯布准备及前处理、染色、印花、后整理及成品包装4个阶段。

纺织定型机排出的废气中既有水蒸气、烟气，又有热空气。提升水蒸气、烟气的含量，减少热空气的排放，可以减少能量的消耗。纺织定型机作业流程如图4-2所示。

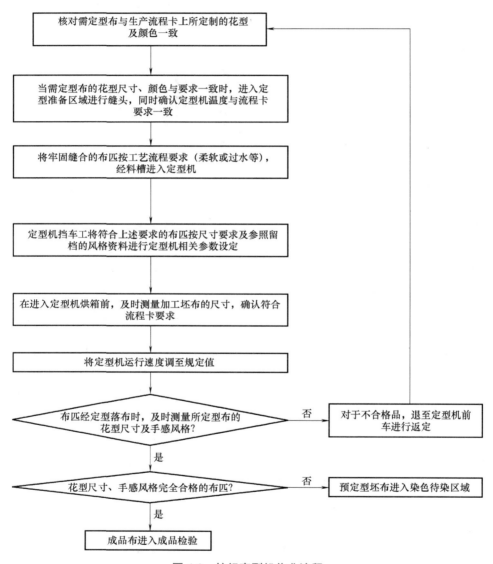

图 4-2 纺织定型机作业流程

目前，大多数印染厂采用的温湿度调节方式都是简单的手动调节方式。具体调节由设备顶部的排气风机控制，排气管道上装有手动的调节阀门。因此，采用智能化监控方式是一种节约能源的有效途径。

在给定的烘干时间内，烘箱内的水分蒸发量与织物的原料成分、面料密度、幅宽、烘干前后本身含水率，以及烘干速度等参数有关。烘燥机在不同排气湿度的情况下，蒸发效率和能耗的变化呈非线性。定型机的热利用效率不到 30%，其中，最大的热损失发生在排气过程中。纺织定型机如图 4-3 所示。

经测定，当排气湿度为 5% 时，空气体积是水蒸气的 19 倍；而当排气湿度为 20% 时，空气体积是水蒸气的 4 倍。与水蒸气体积相差 15 倍的热空气所携带的热量被浪费，而带有温湿度传感器的高温湿度测控仪能够自动控制定型机烘干湿度，可以节省大量加温费用。

图 4-3 纺织定型机

4. 本任务所使用的温湿度传感器

本任务采用 JWSK-5 系列温湿度变送器（以下简称温湿度传感器），可测量 –20~60℃ 范围内的温度和 0~100% 范围内的湿度。JWSK-5 系列温湿度传感器如图 4-4 所示。

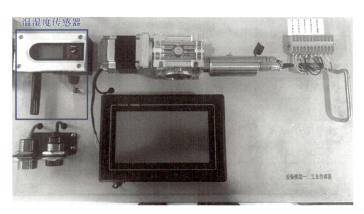

图 4-4 JWSK-5 系列温湿度传感器

4.1.2 温湿度传感器的设备信息

本节的应用场景是利用温湿度传感器采集模拟印染厂生产环境下的温度和湿度值。

1. 设备的基本信息

首先要对设备有基本的了解，包括设备类型、设备名称、生产厂家、设备型号、设备数量等，并据此来查阅准确的设备资料（如产品手册、说明书等），缩小工业智能网关的选型范围，进而确定工业智能网关的具体型号。

设备基本信息收集见表 4-2。

表 4-2 设备基本信息收集

设备类型	设备名称	生产厂家	设备型号	设备数量/台	备注
传感器	温湿度传感器	北京昆仑海岸科技股份有限公司	JWSK-5W1WD	1	

2. 设备的技术参数信息

通过查阅产品说明书,能够了解本任务中所选用的 JWSK-5W1WD 型温湿度传感器的全部技术参数。JWSK-5 系列温湿度传感器设备参数信息见表 4-3。

表 4-3 JWSK-5 系列温湿度传感器设备参数信息

序号	设备参数	技术指标
1	功耗	网络输出型:≤ 0.48W
2	精度	温度:±0.5℃(25℃);湿度:±3%RH(5%~95%RH,25℃)
3	响应时间	温度:≤ 4s(1m/s 风速);湿度:≤ 15s(1m/s 风速)
4	量程	湿度:0~100%RH;温度:−20~60℃
5	网络输出	RS485 网络总线输出
6	负载	电压输出阻抗 ≤ 250Ω,电流输出阻抗 ≤ 500Ω
7	工作电压	网络输出型:DC 24V(12~24V)
8	接线方式	二线制
9	液晶显示	温度℃;湿度 %RH
10	显示分辨力	0.1%RH;0.1℃
11	电路工作条件	湿度:0~100%RH;温度:−20~60℃
12	外形尺寸	125mm × 70mm × 41mm(探头部分除外)
13	安装方式	壁挂式
14	质量	ABS 壁挂型约 300g;金属壁挂型约 370g
15	传感器特性	重复性 ≤ 0.5%RH,≤ 0.1℃;年漂移 ≤ 1%RH,≤ 0.1℃

JWSK-5 系列温湿度传感器接口说明如图 4-5 所示。

接线说明:(任何错误接线均有可能对传感器造成不可逆损坏)
(在壳体正面有4个内六角螺钉,拆开即可打开传感器,内部电路板标识)
供电、模拟或网络输出

红色(24V):240V(电源正)

黄色(TX):网络输出RS485信号线的A+端或RS232信号线的TX

蓝色(RX):网络输出RS485信号线的B−端或RS232信号线的TX

黑色(GND):GND(接地)

图 4-5 JWSK-5 系列温湿度传感器接口说明

需要收集的设备参数信息见表 4-4。

表 4-4 需要收集的设备参数信息

序 号	设 备 参 数	技 术 指 标
1	输出方式	RS485
2	接线方式	二线制
3	量程	湿度：0~100%RH；温度：−20~60℃
4	显示分辨率	湿度：0.1%RH；温度：0.1℃

本任务选用的是 VT-EDU-N001 型工业智能网关。

4.1.3 温湿度传感器的数据信息

1. 温湿度传感器的数据

温湿度传感器采集的数据就是传感器所处环境的温度和湿度。

2. 温湿度的概念

（1）温度

温度是表示物体冷热程度的物理量，从微观上讲，温度是物体分子热运动的剧烈程度。温度只能通过物体随温度变化的某些特性来间接测量，而用来量度物体温度数值的标尺称为温标。常见的标定温度的温标有摄氏温标（℃）、华氏温标（℉）等。本任务所使用的温湿度传感器的温标为摄氏温标（℃）。

（2）湿度

湿度是表示大气干燥程度的物理量。在一定的温度下，在一定体积的空气里含有的水汽越少，则空气越干燥；水汽越多，则空气越潮湿。空气的干湿程度称为湿度，常用绝对湿度、相对湿度、比较湿度、混合比、饱和差及露点等物理量来表示。本任务采集的湿度主要指的是绝对湿度。

（3）露点（补充学习）

露点是气象学概念，在空气中水汽含量不变，保持气压一定的情况下，使空气冷却达到饱和时的温度称为露点温度，简称露点，其单位与气温相同。一般把 0℃以上称为露点，单位为℃或℉。由于用于测量的温湿度传感器默认不显示这个参数，所以在这里简单了解即可。

随堂笔记

4.1.4 工业智能网关选型涉及的其他信息

设备信息和数据信息收集完成之后，还需要关注更多的信息，以最终实现工业智能网关选型的任务目标。采集带有温湿度传感器设备数据的评估报告见表 4-5。

知识链接

第 3 章 3.1 节详细介绍了实训中工业智能网关的选型标准和其他相关信息，这里不再赘述。

表 4-5　采集带有温湿度传感器设备数据的评估报告

班级：				
小组：			姓名：	
			学号：	
名　　称			内　容	备　注
传感器参数	输出数据、量程			
	传感器数据端口			
	传感器数据输出方式			
	数据采集连接方式			
选型网关	智能网关型号			
	智能网关采集接口			
	采集数据上传协议			
总结				

任务考核

工业智能网关选型考核见表 4-6，结合小组的任务实施情况，对每名学生进行任务实施考核。考核过程参照工业互联网设备数据采集 1+X 职业技能等级证书制度试点要求，并将结果记录在表 4-6 中。学生进行互评，再请教师复评。通过任务实施评价，各小组之间、学生之间可以分享实施过程，相互借鉴经验。

表 4-6　工业智能网关选型考核

班级：						
小组：			姓名：			
			学号：			
项　　目		要　　求	应　得　分		得分	备注
任务实施	温湿度传感器概念	熟知温湿度传感器的定义；根据原理对各类温湿度传感器进行分类	准确率	10		
			完整性	10		
	收集设备信息	从说明书中选出有效采集参数；了解 RS485 的输出接口；了解 RS485 的接线方式；选择正确型号的工业智能网关	准确率	10		
			完整性	10		
	温湿度传感器数据	口述温度和湿度的概念	准确率	10		
			完整性	10		

(续)

项目		要求	应得分	得分	备注
任务评价	小组互评	从信息获取、信息处理、分析归纳、工作态度、职业素养等方面进行评价	20		
	教师评价	从信息获取、信息处理、分析归纳、工作态度、职业素养等方面进行评价	20		
		合计			
经验总结					

课后活动

一、填空题

1. 温湿度传感器是指将_____和_____转换成容易被测量和处理的_____设备或装置。

2. 温湿度传感器根据输出信号类型主要分为_____、_____和_____。本实训项目中使用的 JWSK-5W1WD 是_____。

3. _____温湿度传感器电路采用微处理器芯片、温度传感器和湿度传感器,确保产品的可靠性、稳定性和互换性。输出信号类型为 RS485,能可靠地与上位机系统等进行集散监控,最远通信距离可达_____m,支持标准的_____协议,支持二次开发。

4. 网络型温湿度传感器可采集温湿度数据,并通过_____、_____和_____方式上传到服务器。

5. 本任务中需要连接的实训台工业智能网关型号为_____,接口标识为_____和_____。

二、问答题

简述拿到一台传感器应该重点关注哪些参数。

任务拓展

一台粉尘变送器(VMS-3002-PM-N01)的技术参数如图 4-6 所示。从中选出与工业智能网关选型相关的重要信息,填写工业智能网关选型信息收集表,见表 4-7。在实训台上选出合适的工业智能网关,并说明理由(可以选择一个或多个工业智能网关)。

直流供电（默认）	DC 10~30V	
变送器电路工作温度	−20℃~60℃，0~80%RH	
通信接口	RS485 通信(Modbus)协议 波特率：2400、4800(默认)、9600 数据位长度：8位 奇偶校验方式：无 停止位长度：1位 默认 Modbus 通信地址：1 支持功能码：03	
参数设置	用提供的配置软件通过 485 通信接口进行配置	
分辨率	1μg/m³	
精度	±10%	
测量范围	PM2.5	0~1000 μg/m³
	PM10	0~1000 μg/m³
响应速度	≤90s	
预热时间	≤2min	

图 4-6　粉尘变送器技术参数

表 4-7　工业智能网关选型信息收集

设备基本信息					
项目					
详细信息					
设备参数信息					
参数					
技术指标					
数据信息					
数据名称					
数据特征					
其他信息					
项目					
详细信息					

4.2 连接温湿度传感器和工业智能网关

 任务描述

连接温湿度传感器和工业智能网关

张工程师告诉小刘，接下来的任务依然是连接传感器和工业智能网关，不同的是要连接的传感器类型不同，相同的是其操作步骤都是有规律可循的。小刘心想：都是一样的操作，难不倒我。"会做并不难，难的是能够培养自己举一反三的能力，以后遇到这类设备你就不会紧张了。"张工程师对小刘说。

 学习目标

素质目标：
1）养成科学严谨的工作态度。
2）培养安全意识。
3）培养举一反三的学习能力。

知识目标：
1）理解通信电缆的概念。
2）掌握通信电缆制作和检测过程中需要使用的工具的概念。

能力目标：
1）能够正确制作通信电缆。
2）能够正确检测通信电缆。
3）能够正确连接温湿度传感器和通信电缆。

 任务实施

任务实施指引	温湿度传感器和第 3 章介绍的振动传感器，既有相似之处，也有不同之处。在连接温湿度传感器和工业智能网关这一任务中，其工作步骤基本类似，温故知新

4.2.1 被采集设备的接口类型、通信类型和选择连接方式

1. RS485 通信接口

RS485 通信接口是对通信接口的硬件描述，它只需要两根通信线，就可以在两台或两台以上的设备之间进行数据传输。这种数据传输的连接是半双工通信方式，即在某一个时刻，一台设备只能发送数据或者接收数据。RS485 总线组网接线如图 4-7 所示。

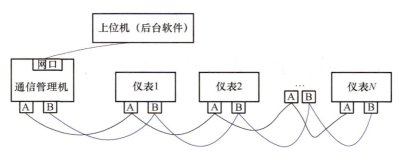

图 4-7　RS485 总线组网接线

硬件通信接口建立后，在进行数据传输的仪表之间需要约定一个数据协议，让接收端能够解析接收的数据，这便是协议的概念。

通信协议有统一标准的协议格式，如 Modbus 协议，这种标准的协议虽然内容全面，但不易理解。在需求不复杂的情况下，可以根据需求自定义一种协议，简单实用，这便是自定义协议的概念。

2. Modbus 协议

Modbus 协议可以说是工业自动化领域应用最为广泛的通信协议，因为其开放性、可扩充性和标准化，使它成为一个通用工业标准。有了 Modbus 协议，不同厂商的产品可以简单可靠地接入网络，实现系统的集中监控，分散控制功能。

目前，Modbus 协议主要使用的是 ASCII、RTU、TCP 等，并没有规定物理层。Modbus 常用的接口形式主要有 RS232C、RS485、RS422，还有的使用 RJ45 接口。Modbus 的 ASCII、RTU 协议则在此基础上规定了消息、数据的结构，以及命令和应答的方式。

Modbus 数据通信采用 Master/Slave（主 / 从）方式，即 Master 端发出数据请求消息，Slave 端接收到正确的消息后就可以发送数据到 Master 端以响应请求；Master 端也可以直接发送消息修改 Slave 端的数据，实现双向读 / 写。

本节使用的温湿度传感器采用双线制 RS485 连接，使用 Modbus 协议传输数据。

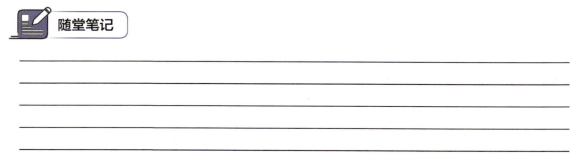

4.2.2　制作通信电缆

1. 本任务使用的通信电缆、接口和线序简介

（1）通信电缆

本任务使用的依然是 RVB 线，详见第 3 章 3.2 节中的相关内容。

(2)接口和线序

温湿度传感器接线端子如图 4-8 所示。RVB 线的红色正极(+)和黑色负极(−)分别对应实训台温湿度传感器接口的 RS485A+ 和 RS485B−;同时,由于其输出方式为 RS485 总线输出,所以 RVB 线的另一端对应工业智能网关的 T485A 和 T485B。

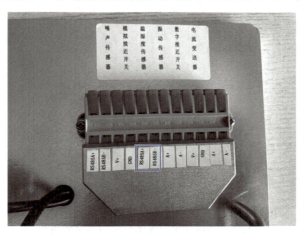

图 4-8　温湿度传感器接线端子

2. 通信电缆的制作

温湿度传感器同样使用 RVB 线,因此通信电缆的制作步骤与第 3 章 3.2 节中"通信电缆的制作"内容完全一致。

4.2.3　检测并连接通信电缆

1. 检测通信电缆

通常通信电缆在制作完成后需要检测是否制作成功。但由于 RVB 线不需要制作额外的接口,所以一般不需要另外进行检测。

2. 连接通信电缆

RS485 总线设备连接电路如图 4-9 所示。

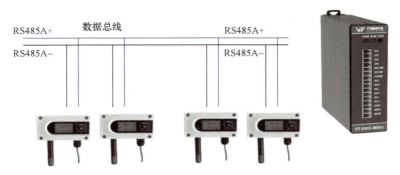

图 4-9　RS485 总线设备连接电路

步骤一:将 RVB 线的一端接入实训台的温湿度传感器信号输出接线端子,实训模组中温湿度传感器接线端子如图 4-10 所示。将端口的开关打开，按顺序插入 RVB 线，关闭开关。用手尝试拽一下 RVB 线，如果无松动，则此端接线成功。

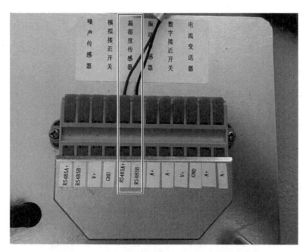

图 4-10　实训模组中温湿度传感器接线端子

步骤二：将选定的工业智能网关的凤凰接线端子端口取下，用 2×50mm 的一字螺钉旋具松动对应的端口螺钉，线序对应同上。工业智能网关 RS485 接口接线端子如图 4-11 所示。

步骤三：将 RVB 线插入凤凰接线端子，并用螺钉旋具拧紧，连接方式如图 4-12 所示。用手尝试拽一下 RVB 线，如果无松动，则此端接线成功。

图 4-11　工业智能网关 RS485 接口接线端子

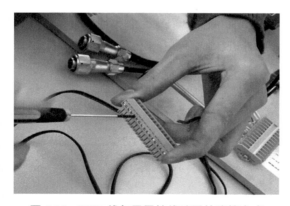

图 4-12　RVB 线与凤凰接线端子的连接方式

步骤四：将凤凰接线端子插回工业智能网关，并将温湿度传感器和工业智能网关通电，查看是否连接成功并收集数据。

工业传感器模组电源线接头（防水级航空插头）有防反接设计，须对准凸起处进行电源安装，安装好后须拧紧接口后端螺钉。

 随堂笔记

_____
_____
_____
_____

 任务考核

连接温湿度传感器和工业智能网关考核见表4-8，结合小组的任务实施情况，对每名学生进行任务实施考核。考核过程参照工业互联网设备数据采集 1+X 职业技能等级证书制度试点要求，并将考核结果记录在表4-8中，学生进行互评，再请教师复评。通过任务实施评价，各小组之间、学生之间可以分享实施过程，相互借鉴经验。

表 4-8　连接温湿度传感器和工业智能网关考核

班级：　　　　　　　　　　　　　　　　姓名：

小组：　　　　　　　　　　　　　　　　学号：

项目		要　求	应　得　分		得分	备注
任务实施	制作通信电缆	熟知通信电缆的定义；熟悉制作红黑线电缆的步骤、方法	准确率	10		
			完整性	10		
	了解通信协议	了解传感器使用的通信协议；认识工业智能网关与传感器的通信接口	准确率	10		
			完整性	10		
	检测并连接通信电缆	熟练连接传感器模组电源；熟练连接工业智能网关与传感器的通信接口	准确率	15		
			完整性	5		
任务评价	小组互评	从信息获取、信息处理、分析归纳、工作态度、职业素养等方面进行评价	20			
	教师评价	从信息获取、信息处理、分析归纳、工作态度、职业素养等方面进行评价	20			
合计						
经验总结						

 课后活动

一、填空题

1. RS485 通信接口是对通信接口的硬件描述，它只需要_____根通信线，即可以在_____台或_____台以上的设备之间进行数据传输。这种数据传输的连接是_____双工通信方式，即在某一个时刻，一台设备只能进行发送数据或接收数据。

2. 目前，Modbus 常用的接口形式主要有_____、_____、_____，也有的使用 RJ45 接口，Modbus 的_____、_____协议则在此基础上规定了消息、数据的结构，以及命令和应答的方式。

3. Modbus 数据通信采用_____，即_____端发出数据请求消息，_____端接收到正确的消息后就可以发送数据到_____端以响应请求；_____端也可以直接发消息修改_____端的数据，实现双向读/写。

4. _____和_____是本任务中需要连接的实训台温湿度传感器接口标识。

5. 本任务中需要连接的实训台工业智能网关型号为_____，接口标识为_____和_____。

二、实践题

根据所学知识，制作一根连接温湿度传感器与工业智能网关的通信电缆并连接设备。

4.3 配置工业智能网关基本参数

任务描述

有了振动传感器的配置经验，小刘把制作好的通信电缆和工业智能网关连接完毕后，没有第一时间到显示屏前查看数据显示结果，而是虚心向张工程师请教："张工程师，双参数的配置步骤又是怎样的呢？"

张工程师说："因为本项目使用的工业智能网关与振动传感器的工业智能网关是同一型号，所以大部分的配置过程你已了解，只需要跟着我再熟悉一遍流程。"

学习目标

素质目标：

1）养成科学严谨的工作态度。
2）培养科技报国情怀。
3）培养举一反三的学习能力。

知识目标：

1）了解工业智能网关配置前准备工作的步骤。
2）了解工业智能网关配置界面的基本设置。
3）了解工业智能网关基本参数配置的步骤。

能力目标：

1）能够正确进行工业智能网关配置前的准备工作。
2）登录/退出工业智能网关配置界面。
3）能够正确操作工业智能网关的系统设置。

任务实施

任务实施指引	工业智能网关的基本参数配置包括配置前的准备工作和基本参数配置两大步骤。其中，基本参数配置又包括若干配置步骤，需要结合工业智能网关配置界面的结构，对基本参数进行逐个配置

4.3.1 认识工业智能网关的配置界面

工业智能网关配置界面的结构大体相同，同时根据其型号、采集的设备及数据采集的需求又略有不同。本任务以温湿度传感器数据采集所选用的 VT-SDU-N001 型工业智能网关的配置界面为例，详细介绍系统信息、网络设置和数据采集的相关内容。工业智能网关的配置界面结构如图 4-13 所示。

图 4-13　工业智能网关的配置界面结构

VT-SDU-N001 型工业智能网关的配置界面分为 5 个部分，分别为网络设置、MQTT、串口设置、数据采集和系统信息。

MQTT 和串口设置的内容将在后续数据采集项目实施部分进行详细介绍。

1．系统信息

系统信息主要包括设备 ID、版本号、出厂编号、下载配置文件。其中，除了设备 ID 可以根据实际工作需要进行修改外，其他信息皆为默认。下载配置文件选项为"厂家维护接口"，在此不做详细介绍。

2. 网络设置

网络设置界面如图 4-14 所示。网络设置分为两个部分，左侧部分为数据上传接口设置，与计算机的 IP 地址应处于同一网段；右侧部分为设备接口设置，由于采集的是温湿度传感器，工业智能网关与温湿度传感器直接连接，所以不需要额外设置。

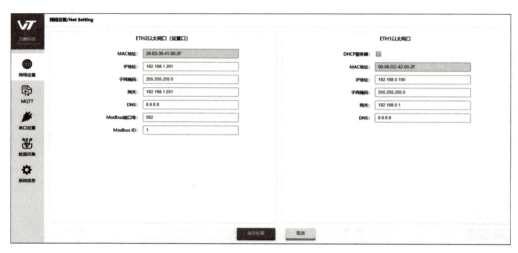

图 4-14　网络设置界面

3. 数据采集

数据采集界面如图 4-15 所示，主要包括电流采集量程、电压采集量程、Modbus 映射区域、协议状态设置。

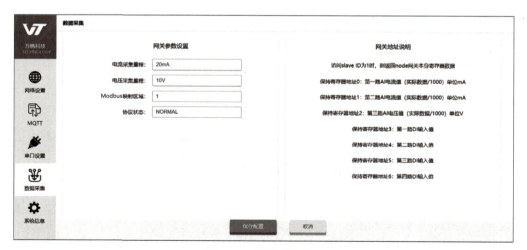

图 4-15　数据采集界面

4.3.2 工业智能网关配置前的准备工作

工业智能网关（已选定为 VT-EDU-N001 型）通电后，用网线连接工业智能网关的上传接口网口（Web 登录网口）与计算机网口，设置计算机的 IP 地址与 VT-EDU-N001 型工业智能网关在同一网段下，进行用户侧 IP 地址设置。计算机 IP 地址设置如图 4-16 所示。具体步骤如下：

步骤一：在 Windows 操作系统下选择"开始"→"控制面板"→"网络和 Internet"→"网络和共享中心"→"更改适配器"→"本地连接"→"属性"。

步骤二：选择"Internet 协议版本 4（TCP/IPv4）"，然后单击"属性"按钮，或者直接双击"Internet 协议版本（TCP/IPv4）"。

步骤三：选择"使用下面的 IP 地址"和"使用下面的 DNS 服务器地址"，填写 IP 地址为"192.168.1.×××"（××× 的范围：2~99，101~254）；子网掩码为"255.255.255.0"；默认网关为"192.168.1.1"（可以忽略）；DNS 服务器为"114.114.114.114"（可以忽略）。

填写完毕后，单击"确定"按钮保存设置。

图 4-16 计算机 IP 地址设置

任务考核

配置工业智能网关基本参数考核见表4-9，结合小组的任务实施情况，对每名学生进行任务实施考核。考核过程参照工业互联网设备数据采集1+X职业技能等级证书制度试点要求，并将考核结果记录在表4-9中。学生进行互评，再请教师复评。通过任务实施评价，各小组之间、学生之间可以分享实施过程，相互借鉴经验。

表4-9 配置工业智能网关基本参数考核

班级：			姓名：		
小组：			学号：		
项目		要求	应得分	得分	备注
任务实施	配置准备工作	能够配置PC端网络参数与工业智能网关在同一网段内；能够根据所学知识进入工业智能网关配置界面	准确率 20		
			速度 10		
	工业智能网关配置界面	熟知配置界面内容、配置参数的含义和默认数值	准确率 15		
			完整性 15		
任务评价	小组互评	从信息获取、信息处理、分析归纳、工作态度、职业素养等方面进行评价	20		
	教师评价	从信息获取、信息处理、分析归纳、工作态度、职业素养等方面进行评价	20		
合计					
经验总结					

课后活动

一、填空题

1. 工业智能网关配置界面的网络设置分为两个部分，左侧部分为_____接口设置，与计算机的IP地址处于同一网段；右侧部分为_____接口设置，由于采集的是温湿度传感器，工业智能网关与温湿度传感器直接连接，不需要额外设置。

2. 工业智能网关配置界面_____主要包括电流采集量程、电压采集量程、Modbus映射区域。

3. 登录工业智能网关设置界面时，设置计算机的IP地址与工业智能网关需要在_____网段下，进行用户侧IP设置。

4. 工业智能网关配置界面分为5个部分，分别为网络设置、MQTT、串口设置、数据采集和系统信息。本项目不涉及的功能是_____。

二、问答题

简要描述登录工业智能网关前PC端IP地址的配置步骤。

第 4 章 采集温湿度传感器数据

4.4 配置工业智能网关采集参数

任务描述

"由于温湿度传感器自身的特点，它是一次性采集两个数据，所以在进行工业智能网关采集参数设置时，是有一些区别的。"张工程师对小刘说。

"在添加设备和添加数据时，需要在操作时注意一些细微的差别，对吗？张工"，小刘问道。

"没错，接下来我们就一起来设置温湿度传感器的采集参数吧！"

学习目标

素质目标：

1）养成科学严谨的工作态度。

2）培养劳动精神。

3）培养团结意识。

知识目标：

1）了解工业智能网关的登录方式。

2）了解工业智能网关添加工业设备的步骤。

能力目标：

1）能够正确登录工业智能网关 Web 配置界面。

2）能够掌握在 Web 配置界面进行网络设置的方法。

3）能够正确设置 Web 配置界面中温湿度传感器的数据采集协议。

4.4.1 工业智能网关 VT-SDU-N001 的网络配置

ETH2 以太网口为数据接口，与 PC 端连接。其 IP 地址可重新配置，但需要注意的是，应与计算机的网络配置处于同一网段，末位不同。子网掩码、网关、DNS 按网络要求设置，默认为 255.255.255.0、192.168.1.251、8.8.8.8。其余参数，如 Modbus 端口号和 Modbus ID 分别为默认值 "502" 和 "1"，不可随意改动。

工业智能网关网络设置界面如图 4-17 所示，由于温湿度传感器通过 RS485A/RS485B 接口连接工业智能网关，所以 ETH1 以太网不需要进行额外设置。

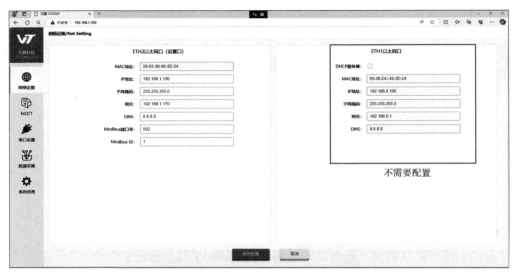

图 4-17　工业智能网关网络设置界面

4.4.2　工业智能网关的数据采集配置

1. 串口设置

Modbus RTU 协议使用串口上传数据至数据采集网关，所以此处应配置为与传感器相同的串口通信参数，COM1 下的通信模式一栏下拉后可选择 3 种标准的通信方式，根据相同的方式配置数据长度、停止位、校验位，可直接输入波特率。根据传感器的上传方式，此处配置为"RS485""9600""8 位数据""1""无校验（None）"。工业智能网关串口配置界面如图 4-18 所示。

2. 量程

在对工业智能网关进行数据采集配置时，需要根据数据采集的实际需求填写量程。因为本任务使用 RS485 通信接口，所以不需要修改模拟量部分。

3. Modbus 映射区域

本任务采集温湿度传感器的温度值和湿度值，同一设备上采集多个数据，默认 Modbus 映射区域为"1"。工业智能网关数据采集配置界面如图 4-19 所示。

第 4 章 采集温湿度传感器数据

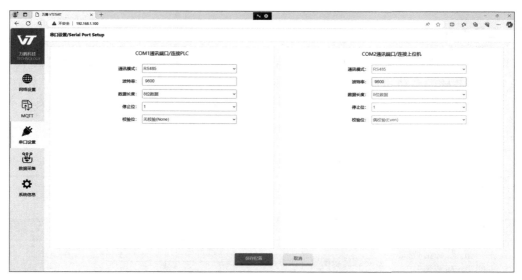

图 4-18　工业智能网关串口配置界面

图 4-19　工业智能网关数据采集配置界面

随堂笔记

任务考核

设置工业智能网关采集参数考核见表 4-10,结合小组的任务实施情况,对每名学生进行任务实施考核。考核过程参照工业互联网设备数据采集 1+X 职业技能等级证书制度试点要求,并将考核结果记录在表 4-10 中。学生进行互评,再请教师复评。通过任务实施评价,各小组之间、学生之间可以分享实施过程,相互借鉴经验。

表 4-10 设置工业智能网关采集参数考核

班级:　　　　　　　　　　　　　姓名:
小组:　　　　　　　　　　　　　学号:

项　目		要　求	应　得　分		得分	备注
任务实施	登录工业智能网关配置界面	熟练登录配置界面	准确率	10		
			速度	5		
	进行信息配置和网络配置	注意命名规范,并完成网络配置	准确率	15		
			完整性	10		
	数据采集配置	填写正确的采集量程	准确率	20		
任务评价	小组互评	从信息获取、信息处理、分析归纳、工作态度、职业素养等方面进行评价	20			
	教师评价	从信息获取、信息处理、分析归纳、工作态度、职业素养等方面进行评价	20			
合计						
经验总结						

课后活动

一、填空题

1. 工业智能网关 ETH2 以太网口为_____,与 PC 端连接。
2. 通过 PC 端配置工业智能网关采集参数时连接的工业智能网关以太网端口是_____。
3. 温湿度传感器通过_____端口连接工业智能网关。

二、判断题

1. 工业智能网关的数据采集配置中,量程一般需要根据实际情况配置。(　　)
2. 工业智能网关的数据采集配置中,设备 ID 不需要配置。(　　)

三、问答题

简要阐述工业智能网关配置界面的各个选项功能。

4.5 测试工业互联网设备数据采集系统

 任务描述

经过网关选型、电缆制作/网关连接、参数配置/设置等一系列过程后,小刘问道:"张工程师,根据经验,现在是不是可以开始测试了呢?所搭建的工业互联网设备数据采集系统是否能正常运行呢?"张工程师会心一笑:"小伙子,今天就由你来完成工业互联网设备数据采集系统测试,我来给你打下手。"

 学习目标

素质目标:
1)养成科学严谨的工作态度。
2)培养劳动精神。
3)培养民族精神。

知识目标:
1)了解工业智能网关网络连接状态的检测方法。
2)了解常用的网络工具的使用方法。
3)了解工业数据的存储方法、查询方法。

能力目标:
1)能够通过计算机正确检测网关设备的网络连接状态。
2)能够分析设备网络连接质量。
3)能够正确设置数据采集频率。
4)能够正确查询存储的历史数据。
5)能够正确判断网关与 PC 端的网络通信数据。
6)能够对采集的数据进行简单的逻辑判断。

网络连通性测试

4.5.1 测试网络连通性

通过 ping 命令查看 PC 端与网关的网络连通性。测试网络连通如图 4-20 所示。

图 4-20 测试网络连通

4.5.2 测试数据采集的准确性

1. 采集数据准确性的含义

准确的数据测量是数据采集的基础。在数据采集过程中，数据是否做过清洗，清洗的逻辑是否合理（如是否需要去重、是否做了去重），数据是否有缺失，上游系统的数据回传是否正常，是否进行了预警监控等，是加工、应用数据时必须做好的检查和准备，以确保数据是准确的。数据的准确性会直接影响数据应用的最终呈现效果，从而影响基于数据的商业决策和产品智能效果。

2. 提升数据准确性的方法

实际生产生活中，可以采用"收集—清洗—规整"三步法来提升数据的准确性。

（1）数据的收集（Collecting）

数据的收集需要注意以下3个方面：

1）数据输入点最好在事件发生地附近。

2）最好能够实时进行数据采集。如果数据记录的延迟时间过长，则观察对象可能已经发生了变化。

3）尽可能采用自动化技术采集数据，来替代人工的收集和记录，这一点和数据采集项目的契合度极高。

（2）数据的清洗（Cleaning）

在收集数据之后，就需要对数据的准确性进行检验，做必要的纠正。下面是几个发现数据中错误的小技巧。

1）找出那些明显缺失的数据。如果一份数据表格中有明显的空白，则可能在数据收集和录入时有所遗漏。

2）注意那些"鹤立鸡群"的数据，或者说"奇点"数据。如果某个点的数值比同类点明显高出一个数量级以上，则可能存在笔误等情况。

3）检验数据之间的逻辑关系。这里简单了解即可，后续的课程中会详细介绍。

4）按照常识来判断数量级。如某类汽车零部件的单个质量超过100t，则此数据必然有错（可能是写错了质量单位）。

（3）数据的规整（Normalizing）

数据的规整主要解决两个问题：数据格式的统一和数据流的打通。

数据格式之所以需要统一，是因为系统中存在多套数据库，它们来自不同的供应商，在数据格式上存在很大的差异。如果不能对格式进行及时转换和标准化，可能会给用户带来很大的困扰（要同时适应好几套不同的表达方式），并且各个数据库中的数据记录可能会存在重复的现象。

数据流的打通也很重要。在各个数据库和数据源之间，如果不存在数据的同步更新，以至于出现了一定的时间差，则即使有正确的数据收集和清洗机制，也可能导致系统中存在自相矛盾的数据。

3. 测试工业智能网关数据采集的准确性

通常使用 Web 客户端查看采集的数据，具体步骤如下。

（1）登录 Web 客户端

打开 Web 浏览器输入"http：//localhost：8081"，进入 Web 客户端界面，登录工业互联网设备数据采集系统。

（2）进入对应任务——温湿度传感器项目

输入对应的工业智能网关的 IP 地址（这里为 192.168.1.201，根据选择的工业智能网关不同，IP 地址不同）和端口号（默认 502），单击"连接"按钮，右侧就会出现采集到的温湿度值，每单击一次连接，则采集一次数据。采集温湿度传感器数据初始界面如图 4-21 所示。

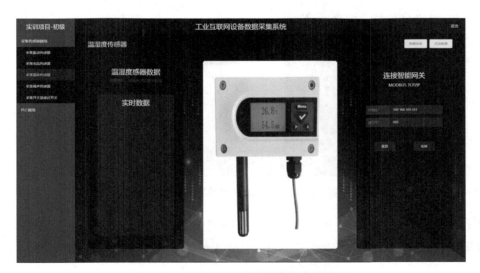

图 4-21　采集温湿度传感器数据初始界面

如果 IP 地址错误或工业智能网关连接错误，界面会出现错误信息提示。IP 地址输入错误会弹出连接错误提示框，如图 4-22 所示。

采集温湿度传感器数据结果如图 4-23 所示。

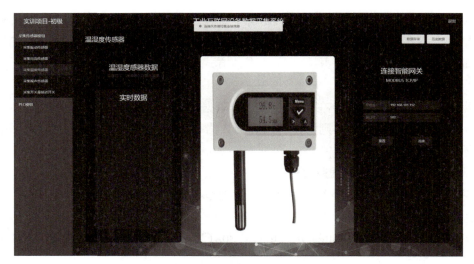

图 4-22　IP 地址输入错误弹出的连接错误提示框

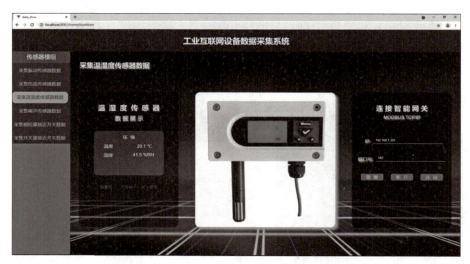

图 4-23　采集温湿度传感器数据结果

将上述数据与实训台工业传感器模组中温湿度传感器实物显示数据进行对比，可验证采集数据是否正确。

可根据温湿度传感器的参数范围，对采集的数据进行简单的逻辑判断。如果采集显示的数据在温湿度传感器的参数范围内，则说明采集数据准确；如果采集显示的数据不在温湿度传感器的参数范围内，则需要检查采集系统，查找出现问题的原因。温湿度传感器实物显示数据如图 4-24 所示。

图 4-24　温湿度传感器实物显示数据

4.5.3 测试数据采集的实时性

学会如何查看工业智能网关采集的数据之后，接着需要测试采集数据的实时性。工业智能网关采集实训台模组数据，通过 Modbus TCP 协议上传数据至 Web 客户端显示。工业智能网关采集传感器模组、上传数据、通信地址及寄存器定义如图 4-25 框中所示。

地址含义	Modbus ID	Modbus 地址	长度	读取值	实际值换算公式及单位	备注
振动	1	0	1	读数/1000	(50-0)/(20-4)×(读数/1000-4); 单位为mm/s	对应振动传感器; 如果想增大振动变化值的话, 则可敲击附近金属结构件
电流	1	1	1	读数/1000	(5-0)/(20-4)×(读数/1000-4); 单位为A	对应直流电流变送器
模拟量接近开关	1	2	1	读数/1000	(15-3)/(10-1)×(读数/1000-1)+1;单位为mm	线性关系; 越远数值越大, 最远15mm
开关量接近开关	1	3	1	0或1	检测到金属为1, 未检测到金属为0	1: 接近 0: 远离
温度	1	20000	1	读数/10	读数/10	对应温湿度传感器; 传感器的*ID*=2
湿度	1	20001	1	读数/10	读数/10	
噪声	1	30000	1	读数/10	读数/10	对应噪声传感器; 传感器的*ID*=3
采集网关IP: 192.168.1.201						

图 4-25　工业智能网关采集传感器模组、上传数据、通信地址及寄存器定义

1. 采集数据实时性含义

数据实时性是现场 I/O 数据的更新周期，一般数据的实时性主要受现场设备的制约。数据采集系统实现了计算机系统和物理客观世界相连接，数据采集系统采集物理客观世界的各类数据信息，并存储在计算机系统中，通过建立数据统一的数学模型进行数据分析与处理。

芯片技术的发展带来了更快的数据采集速度，网络总线技术的发展带来了更多的工业现场总线选择，因此现代的数据采集和处理速度有了很大的提高。数据采集速度越快，信息完整度越高，数据算法越优化，数据处理结果更能反映真实状况，即实现数据采集的实时性。

2. 验证方法

使用 Modbus Poll 测试采集数据的实时性，关闭 Web 界面，在 PC 端打开 Modbus Poll 客户端，单击 "Connection" → "Connect"，在 "Connection Setup" 界面选择 "Modbus TCP/IP"，输入网关 Web 登录 IP 地址 "192.168.1.100" 和 Modbus 端口号 "502"，然后单击 "OK" 按钮。

采集的温湿度数据在工业智能网关寄存器地址为 20000，寄存器数量为 2。设置参数步骤如图 4-26 所示。

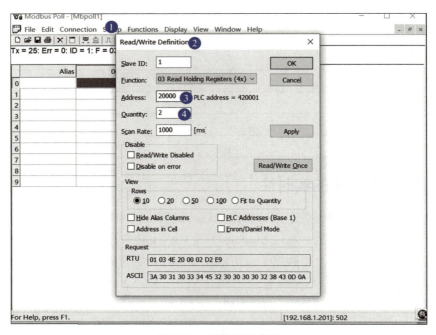

图 4-26 设置参数步骤

Modbus Poll 获取的数据是实际值的 10 倍,因此真实值为寄存器值除以 10。Modbus 寄存器值采集结果如图 4-27 所示。

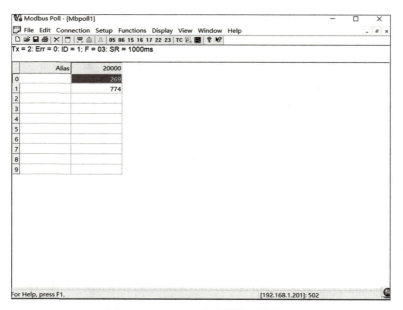

图 4-27 Modbus 寄存器值采集结果

例如:温度寄存器 20000 读数为 269,则实际温度值为 26.9℃;湿度寄存器 20001 读数为 774,则实际湿度值为 77.4%RH。

4.5.4 测试网关数据通信的稳定性

数据稳定性是衡量数据波动性与离散性的指标，数据波动越小，离散度越小，则稳定性越高。通常以属性评价值的熵作为数据稳定性的度量。

目前，主要有 3 种方法判断生产过程中数据的稳定性，分别为最值差值法、统计学方法和百分数衡量法。

最值差值法的判断思路是寻找某一固定时间段内出现的参数的最大值和最小值，通过比较它们差值的绝对值与比较值的大小来判断其稳定性。

统计学方法是借用数学上的统计指标，对参数数据进行方差或均方差等比较，进而分析参数的稳定区间。

百分数衡量法是通过分析参数最大值和最小值差值占参数均值的百分值来判断稳定性。

本任务采用百分数衡量法进行计算。

验证方法操作详见任务 3.5 中的相关内容。

4.5.5 采集数据存储配置及历史数据查询

1. 登录 Web 客户端

打开 Web 浏览器输入"http：//localhost：8081"，进入 Web 客户端界面，登录工业互联网设备数据采集系统。

进入对应任务——采集温湿度传感器项目。单击左侧"采集温湿度传感器数据"项目，进入采集温湿度传感器数据界面，如图 4-28 所示。

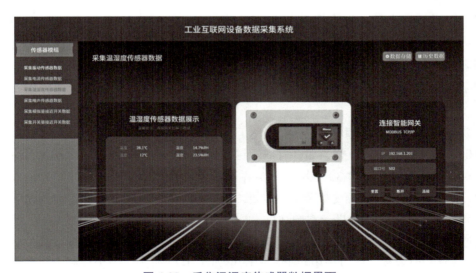

图 4-28　采集温湿度传感器数据界面

工业数据采集

2. 存盘时间设置

根据采集的设备数据需求,设置存盘时间间隔(即采样周期),采集数据存储设置界面如图 4-29 所示,通过单击图 4-29 右上方的"数据存储"按钮,可以设置存盘时间间隔和是否保存数据。

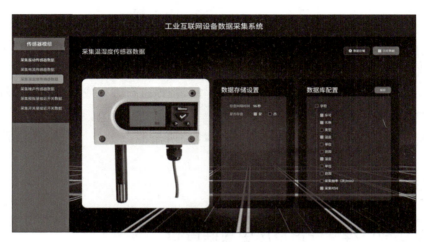

图 4-29 采集数据存储设置界面

 知识链接

第 1 章列举了常见的采样周期,参考表 1-8,填写正确的温湿度传感器采样周期。

3. 数据库配置

还可以对数据库的数据表格字段进行配置,通过单击图 4-28 右上方的"数据存储"按钮,进入采集数据存储设置界面。其中,数据库配置模块可以手动选择需要增加的存储数据表格字段,根据需要存储的内容选择对应的字段选项,单击"保存"按钮。根据选择的字段不同,数据库会创建不同的数据存储表格,历史查询时显示内容会有不同的效果。

4. 历史数据查询及导出

如果选择了存储采集数据,那么可以通过数据查询查看历史数据。配置全部字段的历史数据查询结果界面如图 4-30 所示,单击界面右上方的"历史数据"按钮,进入相对应的界面,配置部分字段的历史数据查询结果界面如图 4-31 所示,选择查询的时间段,单击"查询"按钮,右侧列表显示查询结果。

通过"导出"按钮导出所查询的历史数据,以 Excel 格式保存,选择下载位置,单击"下载"按钮。配置全部字段历史数据导出结果如图 4-32 所示,配置部分字段历史数据导出结果如图 4-33 所示。

第 4 章 采集温湿度传感器数据

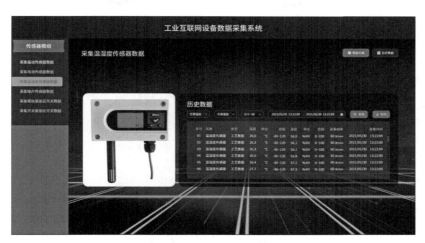

图 4-30 配置全部字段的历史数据查询结果界面

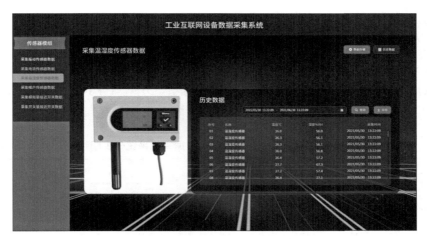

图 4-31 配置部分字段的历史数据查询结果界面

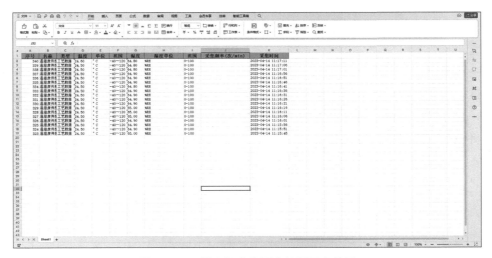

图 4-32 配置全部字段历史数据导出结果

工业数据采集

图 4-33　配置部分字段历史数据导出结果

计划决策

测试工业互联网设备数据采集系统分工明细见表 4-11。为了保证任务的顺利实施，应先做好相应的计划。根据任务内容，各小组做好计划，分工到每个组员，然后按照小组决策将本组的工作计划填入表 4-11。

表 4-11　测试工业互联网设备数据采集系统分工明细

序 号	任 务 分 工	操 作 人 员	注 意 事 项
1	查看传感器数据类型，选择对应的智能网关		
2	连接传感器及智能网关采集接口		
3	配置智能网关参数信息		
4	测试智能网关数据通信的实时性、稳定性		
5	配置采集频率，根据条件查询存储的历史数据		
6	填写工业互联网设备数据采集测试报告		

测试工业互联网设备数据采集系统作业检查明细见表 4-12。以小组为单位，组内学员每两人一组互换任务单，对已设置的工业智能网关采集参数是否全面、准确、合理进行检查，并将检查结果记录在表 4-12 中。

134

表 4-12　测试工业互联网设备数据采集系统作业检查明细

班级：		姓名：	
小组：		学号：	

序 号	检 查 项 目	是	否	分值
1	能够通过计算机正确检测网关设备的网络连接状态			30
2	能够分析设备的网络连接质量			20
3	能够正确判断网关与 PC 端的网络通信数据			30
4	能够对采集数据进行简单的逻辑判断			20
	合计			

任务考核

测试工业互联网设备数据采集系统考核见表 4-13，结合小组的任务实施情况，对每名学生进行任务实施考核。考核过程参照工业互联网设备数据采集 1+X 职业技能培训证书制度试点要求，并将考核结果记录在表 4-13 中。学生进行互评，再请教师复评。通过任务实施评价，各小组之间、学生之间可以分享实施过程，相互借鉴经验。

表 4-13　测试工业互联网设备数据采集系统考核

班级：			姓名：			
小组：			学号：			

项　　目		要　　求	应 得 分		得分	备注
任务实施	测试网络连通性	会用 ping 命令进行测试	准确率	5		
	测试网关数据通信的准确性	通过 Web 端进行温湿度值查看	准确率	5		
			完整性	10		
	测试网关数据通信的实时性	会使用 Modbus Poll 查看采集的温湿度传感器数据	准确率	10		
			完整性	10		
	测试网关数据通信的稳定性	掌握稳定性的含义和验证方法	准确率	10		
			完整性	10		
	采集数据的逻辑判断	能够对采集数据进行简单的逻辑判断	准确率	10		
			完整性	10		
任务评价	小组互评	从信息获取、信息处理、分析归纳、工作态度、职业素养等方面进行评价	10			
	教师评价	从信息获取、信息处理、分析归纳、工作态度、职业素养等方面进行评价	10			
		合计				
	经验总结					

任务实施评价和任务实施处理见 3.5 节。

工业数据采集

课后活动

一、填空题

1. 检测 PC 端与网关的网络连通性使用的命令是_____，检测 192.168.1.201 的命令格式为_____。

2. 在实际生产生活中，可以采用"_____ — _____ — _____"三步法来提升数据的准确性。

二、问答题

简要阐述验证数据采集的实时性的方法。

4.6 采集其他传感器数据

噪声传感器
应用场景

任务描述

"采集温湿度传感器数据的基本步骤我已经都教给你了，接下来我给你出个难题。"张工程师说，"我需要你举一反三，采集其他类型的传感器数据。"

小刘默默地想：这有什么难的，再多参数的传感器都难不倒我。张工程师好像看出了小刘的心思，笑了笑说道："小伙子，加把劲，这次采集另外一种类型的传感器数据，你可不要让我失望呀！"

张工程师指了指工作台上的噪声传感器，说："这次就采集它的数据吧。"

噪声传感器技术参数如图 4-34 所示。

噪声传感器技术参数

1. 产品型号：SM8765B。
2. 品牌：SONBEST/搜博。
3. 噪声测量范围：30~130dB。
4. 噪声测量精度：±3%。
5. 输出方式：RS485。
6. 供电电源：DC 12~24V。
7. 运行环境温度：-40~80℃。
8. 运行环境湿度：5%~90%RH。

图 4-34 噪声传感器技术参数

136

学习目标

素质目标：
1）养成科学严谨的工作态度。
2）培养创新意识。
3）培养举一反三的学习能力。

知识目标：
1）认识噪声传感器及其主要技术参数。
2）熟悉通信电缆制作和检测过程中需要使用的工具。
3）熟悉工业智能网关的基本参数设置步骤。
4）熟悉工业智能网关的采集参数设置步骤。

能力目标：
1）能够正确识别噪声传感器参数。
2）能够正确制作、检测通信电缆。
3）能够正确配置工业智能网关参数。
4）能够正确连接工业智能网关与传感器采集接口。
5）测试工业互联网设备数据采集系统。
6）能够对采集的数据选择合理的存储方式。

任务实施

任务实施指引	由上述5个任务可知，完成一个传感器数据采集项目需要5个步骤：选择工业智能网关、连接温湿度传感器和工业智能网关、配置工业智能网关的基本参数、配置工业智能网关的采集参数，以及测试工业互联网设备数据采集系统。本任务以噪声传感器为采集对象，依照这5个步骤，对噪声传感器进行一次完整的数据采集项目实施

4.6.1 选择工业智能网关

1. 认识噪声传感器

噪声传感器是能感受噪声并将其转换为可用输出信号的传感器，其作用相当于一个麦克风。用来接收声波，显示声音的振动图像，但不能对噪声的强度进行测量。

噪声传感器内置了一个对声音敏感的电容式驻极体麦克风，声波使麦克风内的驻极体薄膜振动，导致电容变化，产生对应变化的微小电压，从而实现光信号到电信号的转换。噪声传感器实物如图4-35所示。

图4-35 噪声传感器实物

2. 常见的使用场景

第 3 章中提到的产生振动的电动机，是驱动各种机械和工业设备、家用电器的通用装置。为保证其安全稳定运行，维护人员常常需要对电动机进行定期检修、维护。电动机在发生故障时，维护人员凭借电动机发出的声音，用人工方式判断故障的类型要耗费大量人力，而且无法保证能及时检出故障。

基于噪声传感器收集声音信号，通过声纹识别系统，将提取的音频特征与某一类型的故障联系起来，可实现电动机在带负载运行、不停机的情况下，对电动机产生的异响进行识别，对各种类型的故障进行检测。如线圈破碎和定子线圈短路等。

3. 噪声传感器的主要信息

本节的应用场景是利用噪声传感器采集电动机振动产生的噪声值。

（1）基本信息

本任务将要收集设备的一些基本信息。设备的基本信息见表 4-14。

表 4-14　设备的基本信息

设备类型	设备名称	生产厂家	设备型号	设备数量/台	备 注
传感器	噪声传感器	上海搜博实业有限公司	SM8765B	1	

（2）设备参数

查阅产品说明书，能够了解本任务所选用的 SM8765B 型噪声传感器的技术参数信息。SM8765B 型噪声传感器技术参数信息见表 4-15。

表 4-15　SM8765B 型噪声传感器技术参数信息

序 号	参 数	技术指标
1	量程	30~130dB
2	输出方式	RS485
3	工作电压	DC 12~24V
4	接线方式	二线制
5	精度	±3%
6	运行环境温度	-40~80℃
7	运行环境湿度	5%~90%RH

需要重点收集的设备参数信息见表 4-16。

表 4-16　需要重点收集的设备参数信息

序 号	设备参数	技术指标
1	输出方式	RS485
2	接线方式	二线制
3	量程	30~130dB
4	精度	±3%

（3）数据信息

噪声传感器采集的数据为声音信号，即噪声。噪声是一类容易引起人烦躁，或者因音量过强而危害人体健康的声音。从物理学的角度讲，噪声是发声体做无规则振动时发出的声音，单位为分贝（dB），其传播途径分为气体、液体、固体3种。

噪声产生的方式很多，本任务主要收集的是由电动机振动产生的噪声。

（4）选择工业智能网关

噪声传感器各部分的组成如图4-36所示。噪声传感器尾线定义如图4-37所示。

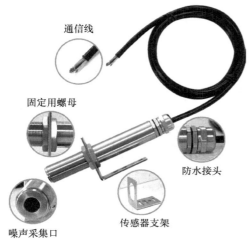

图 4-36　噪声传感器各部分的组成

图 4-37　噪声传感器尾线定义

由以上信息可知，本任务需要采集RS485接口的噪声传感器数据，需要使用工业智能网关的RS485采集功能。

第3章3.1节完整且详细地介绍了实训中工业智能网关的选型标准，这里不再赘述。

根据以上任务内容整理出采集带有噪声传感器设备数据的评估报告，见表4-17。

表 4-17　采集带有噪声传感器设备数据的评估报告

班级：		姓名：	
小组：		学号：	
名　　称		内　　容	备　　注
传感器参数	输出数据、量程		
	传感器数据端口		
	传感器数据输出方式		
	数据采集连接方式		

(续)

名称		内容	备注
选型网关	工业智能网关型号		
	工业智能网关采集接口		
	采集数据上传协议		
总结			

4.6.2 通信电缆的制作、检测与连接

（1）通信电缆的制作和检测

 知识链接

本任务使用的依然是 RVB 线，具体内容可见本章 4.2 节中的相关内容。

（2）通信电缆的连接

在连接通信电缆时，RVB 线的红色（+）和黑色（-）分别对应实训台工业传感器模组中噪声传感器接口的 RS485A+ 和 RS485B-，另一端连接工业智能网关的 RS485A 和 RS485B。

 知识链接

通信电缆的连接步骤同本章 4.2 节中的相关内容。

 随堂笔记

_____
_____
_____
_____

4.6.3 工业智能网关的基本参数配置

（1）了解配置的基本步骤

 知识链接

复习网关配置界面，了解网关所需的配置参数，具体内容可见本章 4.3 节的相关内容。

（2）配置前的准备工作

知识链接

配置网关前，修改本地计算机 IP 地址，使其与网关在同一网段，具体内容可见本章 4.3 节中的相关内容。

随堂笔记

_____
_____
_____
_____
_____

4.6.4　工业智能网关的采集参数配置

1. 系统配置

在系统配置界面中，只有设备 ID 可以进行设置（无特殊要求可不修改）。

2. 网络配置

ETH2 以太网口是数据接口，与 PC 端连接。其 IP 地址可进行重新配置，但是需要注意的是，IP 地址应与计算机的网络配置在同一网段。

3. 串口设置

Modbus RTU 协议使用串口上传，此处应配置为与传感器相同的串口通信参数，COM1 下的通信模式下拉列表框可选择 3 种标准的通信方式。根据相同的方式配置数据长度、停止位、校验位。另外，波特率可直接输入，无须配置。根据传感器的上传方式，此处配置为"RS485""9600""8 位数据""1""无校验（None）"。

4. 数据采集配置

根据采集的传感器参数，修改工业智能网关数据采集配置。具体可见本章 4.4 节中的相关内容。

4.6.5　测试工业互联网设备数据采集系统

1. 测试网络连通性

通过 ping 命令查看 PC 端与工业智能网关的网络连通性。

2. 测试网络传输的准确性

工业智能网关采集实训台模组数据通过 Modbus TCP 协议上传至 Web 客户端显示。

打开 Web 浏览器输入"http：//localhost：8081"，进入 Web 客户端界面，登录工业互联网设备数据采集系统。

进入对应任务——噪声传感器项目，输入对应的工业智能网关 IP 地址（192.168.1.201，选择的网关不同,IP 地址会不同)和端口号(默认 502),单击"连接"按钮,右侧就会出现采集到的噪声值,每单击一次,连接采集一次数据。采集噪声传感器数据初始界面如图 4-38 所示。

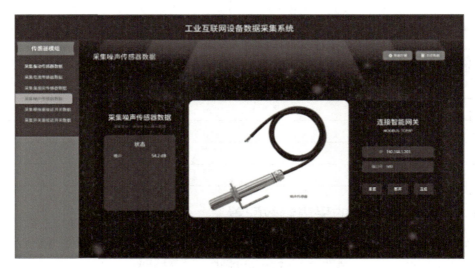

图 4-38 采集噪声传感器数据初始界面

如果 IP 地址错误或智能网关连接错误,采集噪声传感器数据初始界面就会出现错误信息提示。如果要增大变化值,则可敲击附近金属结构件查看数据变化。最终采集的噪声传感器数据结果如图 4-39 所示。

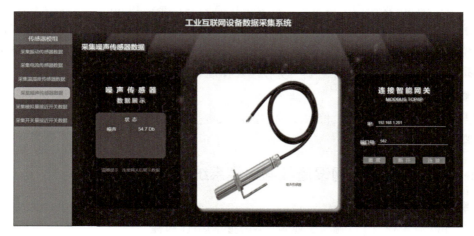

图 4-39 最终采集的噪声传感器数据结果

3. 测试网络传输的实时性

工业智能网关采集传感器模组,上传数据通信地址及寄存器定义。VT-EDU-N001 型工业智能网关 Modbus TCP 寄存器定义如图 4-40 所示。

第 4 章 采集温湿度传感器数据

地址含义	Modbus ID	Modbus 地址	长度	读取值	实际值换算公式及单位	备注
振动	1	0	1	读数/1000	(50-0)/(20-4)×(读数/1000-4); 单位为mm/s	对应振动传感器; 如果想增大振动变化值的话, 则可敲击附近金属结构件。
电流	1	1	1	读数/1000	(5-0)/(20-4)×(读数/1000-4); 单位为A	对应直流电流变送器
模拟量接近开关	1	2	1	读数/1000	(15-3)/(10-1)×(读数/1000-1)+1; 单位为mm	线性关系; 越远数值越大, 最远 15mm
开关量接近开关	1	3	1	0或1	检测到金属为1, 未检测到金属为0	1: 接近 0: 远离
温度	1	20000	1	读数/10	读数/10	对应温湿度传感器; 传感器的 *ID*=2
湿度	1	20001	1	读数/10	读数/10	
噪声	1	30000	1	读数/10	读数/10	对应噪声传感器; 传感器的 *ID*=3

采集网关IP: 192.168.1.201

图 4-40　VT-EDU-N001 型工业智能网关 Modbus TCP 寄存器定义

使用 Modbus Poll 测试数据采集的实时性，步骤如下：

1）关闭 Web 页面，打开 Modbus Poll。

2）在 PC 端打开 Modbus Poll 客户端。

3）单击"Connection"→"Connect"命令。

4）在"Connection Setup"界面选择"Modbus TCP/IP"，输入网关 Web 登录 IP 地址"192.168.1.201"和 Modbus 端口号"502"，然后单击"OK"按钮。

采集的噪声数据在工业智能网关寄存器的地址为 30000，寄存器数量为 1。参数设置步骤如图 4-41 所示。

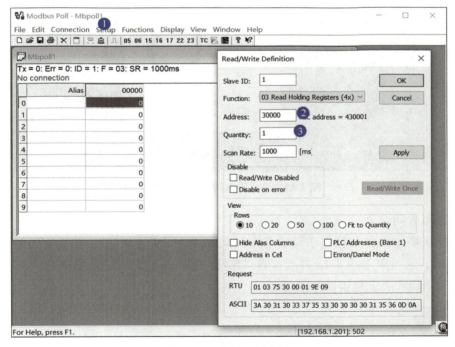

图 4-41　参数设置步骤

Modbus Poll 获取的数据是实际值的 10 倍，因此实际值为寄存器值除以 10。如寄存器地址 30000 读数为 718，那么实际噪声值为 71.8dB。

如果要增大变化值，则可敲击附近金属结构件查看数据变化。

4. 测试网络传输的稳定性

知识链接

操作方法可见第 3 章 3.5 节中的相关内容。

5. 采集数据存储及历史数据查询

（1）登录 Web 客户端

打开 Web 浏览器输入"http：//localhost：8081"，进入工业互联网设备数据采集系统 Web 客户端界面。

（2）进入对应任务——噪声传感器项目

采集噪声传感器数据界面如图 4-42 所示，单击左侧"采集噪声传感器数据"项目，进入采集噪声传感器数据界面。

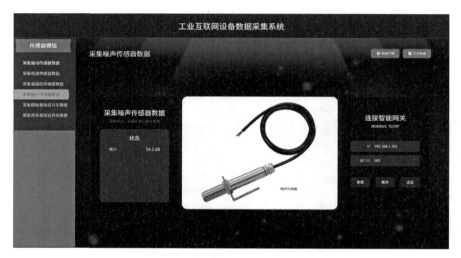

图 4-42　采集噪声传感器数据界面

（3）存盘时间设置

根据所采集的设备数据需求设置存盘时间间隔（即采样周期）。采集数据存储设置如图 4-43 所示，通过单击图 4-42 右上方的"数据存储"按钮，可进入图 4-43 界面，可以设置存盘时间间隔和决定是否保存数据。

知识链接

第 1 章列举了常见的采样周期，参考表 1-8，填写正确的噪声传感器采样周期。

（4）数据库配置

可以对数据库的数据表格字段进行配置。在图 4-43"数据库配置"列表框中可以手动选择需要增加的存储数据表字段，根据需要存储的内容选择对应的字段选项，单击"保存"按钮。根据选择的字段不同,数据库会创建不同的数据存储表格,在历史查询时显示内容会有不同的效果。

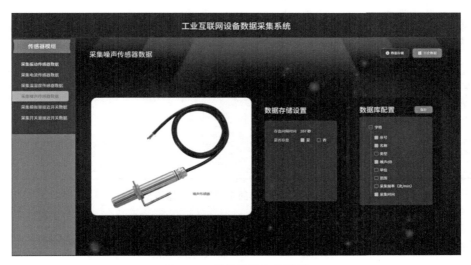

图 4-43　采集数据存储设置

(5) 历史数据查询

如果选择了存储采集数据,那么可以通过数据查询查看历史数据。查看采集的历史数据界面如图 4-44 所示,单击界面右上方的"历史数据"按钮,进入相对应界面选择查询的时间段,单击"查询"按钮,右侧列表显示查询结果。

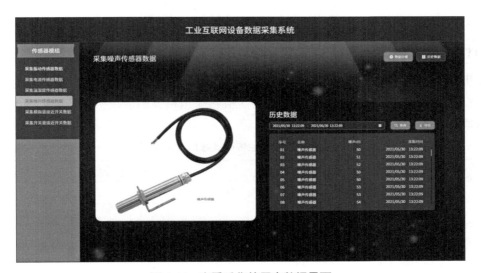

图 4-44　查看采集的历史数据界面

通过"导出"按钮可以导出所查询的历史数据,以 Excel 表格的形式保存。配置全部字段历史数据导出如图 4-45 所示,配置部分字段历史数据导出如图 4-46 所示。

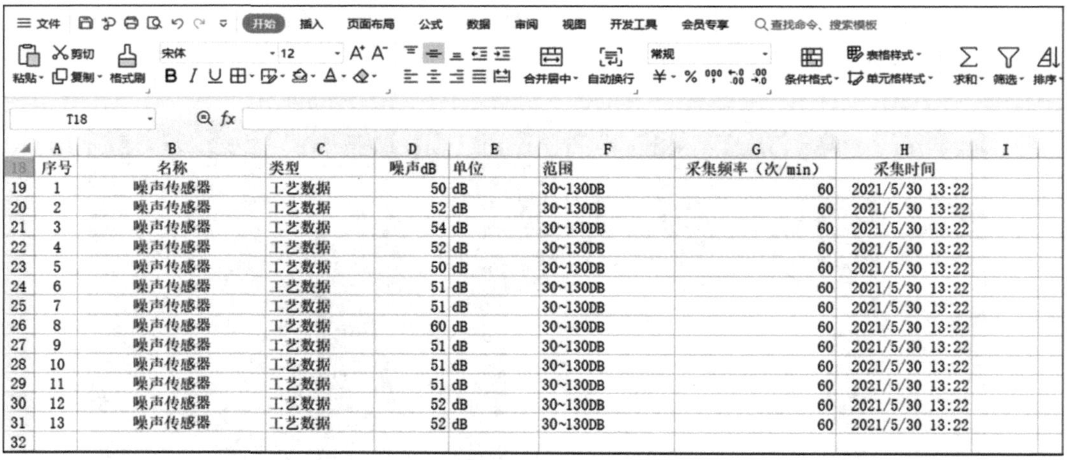

	A	B	C	D	E	F	G	H
18	序号	名称	类型	噪声dB	单位	范围	采集频率（次/min）	采集时间
19	1	噪声传感器	工艺数据	50	dB	30~130DB	60	2021/5/30 13:22
20	2	噪声传感器	工艺数据	52	dB	30~130DB	60	2021/5/30 13:22
21	3	噪声传感器	工艺数据	54	dB	30~130DB	60	2021/5/30 13:22
22	4	噪声传感器	工艺数据	52	dB	30~130DB	60	2021/5/30 13:22
23	5	噪声传感器	工艺数据	50	dB	30~130DB	60	2021/5/30 13:22
24	6	噪声传感器	工艺数据	51	dB	30~130DB	60	2021/5/30 13:22
25	7	噪声传感器	工艺数据	51	dB	30~130DB	60	2021/5/30 13:22
26	8	噪声传感器	工艺数据	60	dB	30~130DB	60	2021/5/30 13:22
27	9	噪声传感器	工艺数据	51	dB	30~130DB	60	2021/5/30 13:22
28	10	噪声传感器	工艺数据	51	dB	30~130DB	60	2021/5/30 13:22
29	11	噪声传感器	工艺数据	51	dB	30~130DB	60	2021/5/30 13:22
30	12	噪声传感器	工艺数据	52	dB	30~130DB	60	2021/5/30 13:22
31	13	噪声传感器	工艺数据	52	dB	30~130DB	60	2021/5/30 13:22
32								

图 4-45　配置全部字段历史数据导出

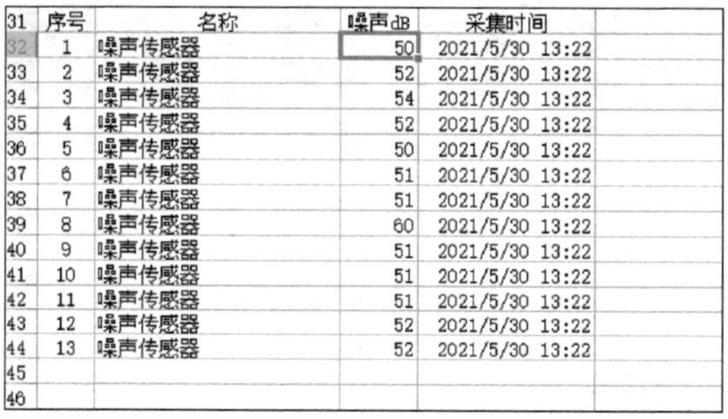

31	序号	名称	噪声dB	采集时间
32	1	噪声传感器	50	2021/5/30 13:22
33	2	噪声传感器	52	2021/5/30 13:22
34	3	噪声传感器	54	2021/5/30 13:22
35	4	噪声传感器	52	2021/5/30 13:22
36	5	噪声传感器	50	2021/5/30 13:22
37	6	噪声传感器	51	2021/5/30 13:22
38	7	噪声传感器	51	2021/5/30 13:22
39	8	噪声传感器	60	2021/5/30 13:22
40	9	噪声传感器	51	2021/5/30 13:22
41	10	噪声传感器	51	2021/5/30 13:22
42	11	噪声传感器	51	2021/5/30 13:22
43	12	噪声传感器	52	2021/5/30 13:22
44	13	噪声传感器	52	2021/5/30 13:22
45				
46				

图 4-46　配置部分字段历史数据导出

计划决策

采集其他传感器数据分工明细见表 4-18。为了保证任务的顺利实施，应先做好相应的计划。根据任务内容，各小组做好计划，分工到每个组员，然后按照小组决策将本组的工作计划填入表 4-18。

表 4-18　采集其他传感器数据分工明细

序　号	任 务 分 工	操 作 人 员	注 意 事 项
1	查看传感器数据类型，选择对应的工业智能网关		
2	连接传感器及工业智能网关采集接口		
3	配置工业智能网关参数信息		
4	测试工业智能网关与 PC 端的网络连通性		
5	测试工业智能网关数据通信的准确性		
6	测试工业智能网关数据通信的实时性		
7	测试工业智能网关数据通信的稳定性		
8	填写工业互联网设备数据采集测试报告		

采集其他传感器数据作业检查明细见表 4-19。以小组为单位，组内学员每两人一组互换任务单，查看并确认已收集到的设备和数据信息是否全面、准确，并将检查结果记录在表 4-19 中。

表 4-19 采集其他传感器数据作业检查明细

班级：		姓名：	
小组：		学号：	

序号	检查项目	是	否	分值
1	能否正确、全面地收集设备的信息			10
2	能否正确制作、检测和连接通信电缆			30
3	能否正确设置工业智能网关的基本参数			20
4	能否正确配置工业智能网关的采集参数			20
5	能否正确判断工业互联网设备数据采集系统的网络连通性			10
6	能否正确判断工业互联网设备数据采集系统的网络传输稳定性			10
	合计			

任务考核

采集其他传感器数据考核见表 4-20，结合小组的任务实施情况，对每名学生进行任务实施考核。考核过程参照工业互联网设备数据采集 1+X 职业技能等级证书制度试点要求，并将结果记录在表 4-20 中。学生进行互评，再请教师复评。通过任务实施评价，各小组之间、学生之间可以通过分享实施过程，相互借鉴经验。

表 4-20 采集其他传感器数据考核

班级：			姓名：		
小组：			学号：		

项目		要求	应得分		得分	备注
任务实施	智能网关选型	熟知噪声传感器的定义，根据关键参数选择正确的工业智能网关	准确率	10		
	电缆制作	根据输出方式完成电缆制作与连接	正确率	10		
	基本参数设置	完成智能网关的基本配置操作	完整性	10		
	采集参数设置	进行工业智能网关系统、网络、数据采集配置	准确率	10		
	测试工业互联网数据采集系统	测试网络连通性；测试网络传输准确性	正确率	10		
		测试网络传输稳定性	准确率	10		

(续)

项　目		要　　求	应 得 分	得 分	备注
任务评价	小组互评	从信息获取、信息处理、分析归纳、工作态度、职业素养等方面进行评价	20		
	教师评价	从信息获取、信息处理、分析归纳、工作态度、职业素养等方面进行评价	20		
		合计			
	经验总结				

任务实施评价和任务实施处理见 3.5 节。

 课后活动

一、填空题

1. _____ 是能感受噪声并转换为可用输出信号的传感器，其作用相当于一个麦克风，用来接收声波，显示声音的振动图像。

2. SM8765B 型噪声传感器采用的接口类型为 _____。

3. 本任务所使用的工业智能网关型号为 _____。

4. 采集噪声传感器所连接的工业智能网关接口为 _____ 和 _____。

5. _____ 以太网口为数据接口，与 PC 端连接。其 IP 地址可进行重新配置，但是需要注意的是，IP 地址应与计算机的网络配置在同一网段。

二、问答题

简要阐述采集噪声传感器数据的步骤。

第 5 章
采集西门子 PLC 设备数据

通过前两个章节实训项目的学习，已充分了解并熟悉了采集简单元器件传感器的数据，接下来开始学习较为复杂的采集西门子 PLC 设备数据。与振动传感器相比，采集数据的个数从单一变为两个，再变为多个。

本章从数据采集项目的全流程入手，回顾选择工业智能网关、连接西门子 PLC 和工业智能网关、配置工业智能网关基本参数、配置工业智能网关采集参数、测试工业互联网设备数据采集系统 5 个步骤，介绍西门子 PLC 设备数据采集各个实施步骤中的知识点和技能点。

西门子 **PLC** 概述

5.1 工业智能网关的选择

任务描述

午饭过后，张工程师把小刘叫到办公室："小伙子，之前交给你的任务完成得很出色嘛！接下来我们要面对更加复杂的场景和设备了，你有信心吗？"小刘点点头："张工程师，我没有问题，有什么需要我准备的事，尽管吩咐！"

"好样的！小伙子，今天开始，咱们就进入 PLC 设备的项目实施阶段了，PLC（可编程序逻辑控制器）想必你也不陌生，它是一种具有微处理器的用于自动化控制的数字运算控制器，可以将控制指令随时载入内存进行存储与执行。这类设备比你之前接触过的传感器结构更为复杂、逻辑更为缜密、功能更加强大。目前，主流 PLC 设备包含西门子 PLC、施耐德 PLC、欧姆龙 PLC、三菱 PLC 等。现在我在西门子 PLC 的 DB 数据块中存储一些数据，你需要通过选择、连接智能网关，把我存储的数据读取出来。"

说完，张工程师就把小刘带入西门子 PLC 操作车间，面前的工作台上多了一台西门子 PLC 设备。这台 PLC 可以产生更多的数据，包括开关量数据、模拟量数据、存储数据等。

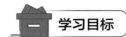 学习目标

素质目标：

1）养成科学严谨的工作态度。

2）培养天下为公的胸怀。

知识目标：

1）理解设备信息收集的基本概念和方法。

2）理解采集对象数据信息的基本概念。

3）了解工业智能网关选型涉及的其他信息。

能力目标：

1）能够准确收集设备信息。

2）能够准确收集采集对象的数据信息。

3）能够准确收集其他相关信息。

4）能够结合设备信息和数据信息选择合适的工业智能网关。

 任务实施

任务实施指引	在教师的指导下，学生需要收集尽可能详细、准确的现场信息，并根据这一场景填写一份全面的信息收集表，然后判断使用哪个工业智能网关可以完成这一任务，最终实现为西门子PLC选择一个合适的工业智能网关的目标

工业现场信息收集见表 5-1。

表 5-1 工业现场信息收集

设备基本信息							
项目							
详细信息							
设备参数信息							
参数							
技术指标							
数据信息							
数据名称							
数据特征							
其他信息							
项目							
详细信息							

知识链接

第 3 章 3.1 节完整且详细地介绍了实训中工业智能网关的选型标准，这里不再赘述。

第 2 章介绍了常见的工业智能网关，以及各种工业智能网关的类型和结构，第 3 章、第 4 章为若干种传感器选择了合适的工业智能网关并进行了数据采集。

本任务依然要遵循之前的相关实训要求和规律，收集准确、全面的信息，综合考虑多种因素，选择合适型号的工业智能网关。

PLC 是一种专门为工业设备中应用而设计的用于数字运算的电子操作系统。PLC 通过可编程的存储装置，进行程序存储，并执行算术操作、计数、定时、顺序控制、逻辑运算等面向终端用户的指令，再进行模拟、数字输出和输入，对各种生产过程和机械进行控制。

PLC 设备以及相关设备必须保持与工业控制系统的联动性，从而保证其功能的扩充和整个工业系统的整体性。

PLC 的具体功能及其应用场景如下。

（1）开关量逻辑控制

开关量逻辑控制是 PLC 的基本功能，是其最早应用的一个场景，也是应用最广泛的一个场景。它替代了以往的继电器电路控制，从而实现逻辑顺序控制；能用于单机设备的控制，也可用于群机控制及自动化工厂流水线。

开关量逻辑控制应用场景包括组合机床、磨床、包装生产线、流水线等。

（2）模拟量控制

在工业生产过程中，有许多连续变化的量，如温度、压力、流量、液位和速度等。为了使 PLC 处理这些模拟量，必须实现模拟量和数字量之间的 A/D（模/数）及 D/A（数/模）转换。目前生产 PLC 设备的厂家通常都会生产配套的 A/D 和 D/A 转换模块，使 PLC 便于控制模拟量。

（3）运动控制

PLC 本体专用的运动控制模块可驱动步进电动机或伺服电动机做直线运动或圆周运动。国内外主流的 PLC 设备大部分具有运动控制功能。

运动控制应用场景包括机械、机床、电梯等。

（4）过程控制

作为工业级控制计算机，PLC 能编制各式各样的控制算法程序，对温度、压力、流量等模拟量完成闭环控制。PID 算法调节（按偏差的比例、积分和微分进行控制）在闭环控制系统中是用得比较多的一种调节方法，在大中型 PLC 上一般都有 PID 模块，许多小型的 PLC 也配备了具有此功能的模块。

过程控制应用场景包括冶金、化工、热处理、锅炉控制等。

（5）数据处理

目前 PLC 可以完成数据的采集、分析及处理，如数学运算、数据传送、数据转换、排序、查表及位操作等。将这些数据与存储在存储器中的参考值比较，可完成一定的控制操作。数据处理功能常用于大型的控制系统。

数据处理应用场景包括柔性造纸、轻纺、食品工业等部分大型控制系统。

5.1.1 西门子 PLC 概述

1. 产品介绍

西门子 PLC 是德国西门子（SIEMENS）公司生产的可编程序控制器，在国内冶金、化工、印刷生产线等领域应用较为广泛。西门子 PLC 产品包括 S7-200、S7-1200、S7-300、S7-400、S7-1500 等系列。西门子 S7 系列 PLC 产品体积小、速度快、标准化高，具有网络通信能力，功能强，可靠性高。S7 系列 PLC 产品可分为微型 PLC（如 S7-200 系列）小规模性能要求的 PLC（如 S7-300 系列）和中、高性能要求的 PLC（如 S7-400 系列）等。

2. 主要分类

一般来说，PLC 可以从 3 个方面进行分类。

（1）根据 PLC 的控制规模大小

PLC 按控制规模可以分为大型机、中型机和小型机。其中，大型机有 S7-1500、S7-400 等系列；中型机有 S7-300 等系列；小型机有 S7-200 等系列。

（2）根据 PLC 的性能高低

PLC 按性能高低可以分为高档机、中档机和低档机。高档机具有强大的控制功能和运算能力，能完成逻辑运算、三角函数运算、指数运算和 PID 运算；中档机具有较强的控制功能和较强的运算能力，不仅能完成一般的逻辑运算，也能完成比较复杂的三角函数、指数和 PID 运算；低档机具有基本的控制功能和一般的运算能力。

（3）根据 PLC 的结构分类

PLC 按结构可以分为整体式、组合式、叠装式。整体式是指把电源、CPU、存储器、I/O 系统都集成在一个单元内，该单元称为基本单元，一个基本单元就是一台完整的 PLC；组合式是把 PLC 系统的各个组成部分按功能分成若干模块，如 CPU 模块、输入模块、输出模块、电源模块等。其中，各模块的功能比较单一，模块的种类却日趋丰富；叠装式 PLC 具有整体式结构紧凑、体积小、安装方便、I/O 点搭配灵活、安装整齐的优点。它也是由各个单元组合构成，其特点是 CPU 自成独立的基本单元（由 CPU 和一定的 I/O 点组成），其他 I/O 模块为扩展单元，在安装时不用基板，仅用电缆进行单元间的连接，各个单元可以逐个叠装。

3. 本任务采用的西门子 PLC

本任务采用西门子 S7-1200（CPU 1211C）PLC。西门子 S7-1200 PLC 外观如图 5-1 所示，实训台上的 S7-1200 PLC 如图 5-2 所示，S7-1200 PLC 通信接口位置如图 5-3 所示。

图 5-1 西门子 S7-1200 PLC 外观

图 5-2　实训台上的 S7-1200 PLC

图 5-3　S7-1200 PLC 通信接口位置

本任务将西门子 S7-1200 PLC 用于供热锅炉控制系统。

（1）供热锅炉控制系统结构

供热锅炉控制系统结构如图 5-4 所示。

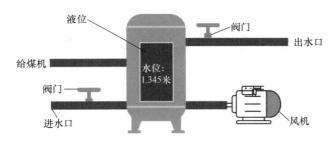

图 5-4　供热锅炉控制系统结构

本系统使用西门子 S7-1200（CPU 1211C）PLC 作为控制器进行控制，主要是对燃煤锅炉进行控制，包括风机、给煤机的开关，根据液位变化对进出水口阀门进行控制；根据锅炉内的温度变化进行自动控制；利用 PLC 中所带的 PID 调节器进行调节，以控制锅炉内的温度；再运用远程传输功能，利用用户处安装的温度传感器，将其温度转换成标准信号上传至 PLC 主机，根据观测到的温度调节锅炉的温度，直接控制传送到用户的温度。

在锅炉内装有压力传感器，如果压力过高，可能会降低锅炉的寿命，甚至发生危险，所以一定要控制压力，当压力超过一定数值时需要报警，并迅速进行处理，降低锅炉内的压力，以免发生危险。

PLC 通过检测温度、水位、压力、流量和气体中的含氧量等信息，结合系统自身算法，输出控制信号控制燃烧机、真空泵、给煤机、电磁阀等输出设备。工业智能网关通过采集 PLC 的数据形成统一格式化的数据报文，上传至上位机监控系统，以实时显示系统的运行状态。

供热锅炉控制系统框架如图 5-5 所示。

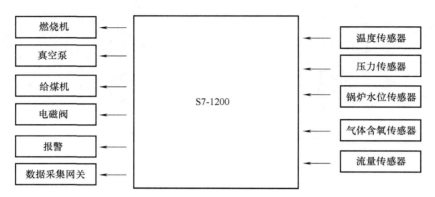

图 5-5　供热锅炉控制系统框架

（2）控制方案

为满足供热锅炉控制系统自动控制的工艺要求，制定控制方案如下。

控制参数：供热系统锅炉出水口温度、炉内温度、锅炉水位、锅炉压力、出水口和进水口的流量、气体中的含氧量。

控制内容：燃烧机开关、真空泵开关、电磁阀开关、给煤机开关、报警开关。

系统根据锅炉内水温的高低控制燃烧机开火的大小。

根据锅炉内空气的含氧量控制真空泵自启动。当含氧量过低时，真空泵启动，向锅炉内吹入空气，控制锅炉内的温度，当锅炉内的温度低于一定值时，同样可以控制真空泵自启动，向锅炉内吹入空气以提高锅炉内的温度。

自动调节锅炉内的水位。根据出水管内的流量大小也可以控制出水口电磁阀的开关。当流量过大时，关小电磁阀，自动调节流量。

故障报警：锅炉内温度高、水位低、水位高、锅炉内压力高、出水管内的流量高、出水管内的流量低、燃烧机故障等。

以上控制内容需根据现场的实际情况设置温度值、压力值、液位值、流量值以及炉内空气含氧量的百分比。供热锅炉控制系统流程如图 5-6 所示。

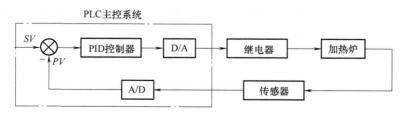

图 5-6　供热锅炉控制系统流程
SV—PID 调节中参数的设定值　PV—PID 调节中参数的反馈值

5.1.2 西门子 PLC 的设备信息

1. 设备的基本信息

收集设备的信息,首先要对设备有基本的了解,包括设备类型、设备名称、生产厂家、设备型号、设备数量等,并据此来查阅准确的设备资料(如产品手册、说明书等),缩小工业智能网关的选型范围,进而确定工业智能网关的具体型号。

本任务收集的设备基本信息见表 5-2。

表 5-2 收集的设备基本信息

设备类型	设备名称	生产厂家	设备型号	设备数量/台
PLC	西门子 S7-1200 PLC	西门子公司	S7-1200(CPU 1211C)	1

2. 设备的技术参数信息

S7-1200 PLC 的技术性能指标见表 5-3。

表 5-3 S7-1200 PLC 的技术性能指标

CPU 特征	CPU 1211C	CPU 1212C	CPU 1214C
3CPU	DC/DC/DC,AC/DC/RLY,DC/DC/RLY		
集成的工作存储区/KB	25	25	50
集成的装载存储区/MB	1	1	2
集成的保持存储区/KB	2	2	2
内存卡件	可选 SIMATIC 记忆卡		
集成的数字量 I/O 点数	8 输入/4 输入	8 输入/6 输入	14 输入/10 输入
集成的模拟量 I/O 点数	2 输入		
过程映像区大小	1024 B 输入/1024 B 输出		
信号扩展板	最多 1 个		
信号扩展模块	不含	最多 2 个	最多 8 个
最大本地数字量 I/O 点数	14	82	284
最大本地模拟量 I/O 点数	3	15	51
高速计数器/个	3	4	6

（续）

CPU 特征	CPU 1211C	CPU 1212C	CPU 1214C
单相	3（100kHz）	3（100kHz） 1（30kHz）	3（100kHz） 1（30kHz）
正相交	3（80kHz）	3（80kHz） 1（30kHz）	3（80kHz） 1（30kHz）
脉冲输出 / 个	2（100kHz，直流输出）/2（1Hz，继电器输出）		
脉冲捕捉输入 / 个	6	8	14
时间继电器 / 循环中断	在全部 4 个中有 1 个达到 ms 精度		
边沿中断 / 个	6（上升沿）/ 6（下降沿）	8（上升沿）/ 8（下降沿）	12（上升沿）/ 12（下降沿）
实时时钟保持时间	40℃环境下，典型 10 天 / 最少 6 天		
布尔量运算执行速度 /（μs/ 指令）	0.1		
动态字符运算速度 /（μs/ 指令）	12		
真正的数学运算速度 /（μs/ 指令）	18		
端口数	1 个		
类型	RJ45 接口		
数据传输速率 /（Mbit/s）	10/100		
扩展通信模块	最多 3 个		

在工业智能网关选择过程中，需重点收集的设备参数信息见表 5-4。

表 5-4　需重点收集的设备参数信息

序　号	设 备 参 数	技 术 指 标
1	端口	1 个 RJ45 网口
2	通信协议	S7 通信协议

 随堂笔记

5.1.3　西门子 PLC 的数据信息

1. 数据块

PLC 中的数据块（Data Block，DB）是指用于存放执行代码块时所需数据的数据区。数据块有以下两种类型：

1) 全局数据块。全局数据块存储供所有的代码块使用的数据，所有的 OB（组织块）、FB（函数块）和 FC（函数）都可以访问全局数据块。

2) 背景数据块。背景数据块存储的数据供特定的 FB（函数块）使用。背景数据块中保存的是对应的 FB 的输入、输出参数和局部静态变量。FB 的临时数据（Temp）不是用背景数据块保存的。

数据块与数据的逻辑记录（逻辑上有联系，在存储器上占有一组邻接单元的数据单位）之间的对应关系有 3 种：

1) 一个数据块即为一个记录。
2) 一个数据块包含若干个逻辑记录。
3) 一个逻辑记录占有几个数据块。

数据块的大小可以是固定的或是可变的，块与块之间有间隙。设计数据块大小受到多方面因素的影响，包括输入、输出效率，存储空间代价以及计算机应用特点等。

PLC 的 DB 分为全局数据块和背景数据块（常配 FB 使用），做个简单的比喻，如果 I/O 地址对应的变量是货物，则 DB 是货架，I/O 地址对应的变量经过一系列的加工（计算或逻辑）后放进货架里。

I/O 地址分模拟量输入（PIW）/输出（PQW），数字量输入（I）/输出（Q），同样的 DB 地址分模拟量（DB1.DBW10 整数或 DB1.DBD10 实数）和数字量［DB1.DBX10.0（1 或 0）］。

2. 开关量

开关量也称逻辑量，仅有两个取值，0 或 1、ON 或 OFF。开关量控制是 PLC 的优势，也是 PLC 最基本的应用。

开关量控制的目的是根据开关量的当前输入组合与历史的输入顺序，使 PLC 产生相应的开关量输出，以使系统能按一定的顺序工作。因此有时也称开关量控制为顺序控制。

3. 模拟量

模拟量是指一些连续变化的物理量，如电压、电流、压力、速度、流量等。

4. 脉冲量

脉冲量是取值总是在 0（低电平）和 1（高电平）之间交替变化的数字量。每秒钟脉冲交替变化的次数称为频率。

📝 随堂笔记

5.1.4 工业智能网关选型涉及的其他信息

设备信息和数据信息收集完毕后，还需要关注更多的信息，以最终实现工业智能网关选型的任务目标。根据本任务内容，整理出采集带有西门子 PLC 的设备数据评估报告，见表 5-5。

表 5-5 采集带有西门子 PLC 的设备数据评估报告

班级：			姓名：	
小组：			学号：	
名 称			内 容	备 注
采集 PLC 数据	数据存储位置			
	PLC 数据端口			
	PLC 数据输出方式			
	数据采集连接方式			
选型网关	工业智能网关型号			
	工业智能网关采集接口			
	采集数据上传协议			
	总结			

在工业智能网关的选型过程中，除了设备信息和数据信息，还需要提前了解数据的上传方式和上传协议。

知识链接

第 3 章 3.1 节完整且详细地介绍了实训中工业智能网关的选型标准，这里不再赘述。

随堂笔记

_____
_____
_____
_____

任务考核

工业智能网关选型考核见表 5-6，结合小组的任务实施情况，对每名学生进行任务实施考核。考核过程参照工业互联网设备数据采集 1+X 证书制度试点要求，并将结果记录在表 5-6 中。学生进行互评，再请教师复评。通过任务实施评价，各小组之间、学生之间可以通过分享实施过程，相互借鉴经验。

表 5-6　工业智能网关选型考核

项　　目		要　　求	应　得　分		得分	备注
任务实施	西门子 PLC 概念	熟知西门子 PLC 的定义；熟练掌握西门子 PLC 接口	准确率	10		
			完整性	10		
	收集设备信息	从说明书中选出有效采集参数；了解 RJ45 的输出方式；了解 RJ45 简单的接线方式；根据西门子 PLC 的通信类型选择正确型号的工业智能网关	准确率	10		
			完整性	10		
	西门子 PLC 数据	熟练掌握 DB（数据块）、开关量、模拟量和脉冲量的概念	准确率	10		
			完整性	10		
任务评价	小组互评	从信息获取、信息处理、分析归纳、工作态度、职业素养等方面进行评价	20			
	教师评价	从信息获取、信息处理、分析归纳、工作态度、职业素养等方面进行评价	20			
合计						
经验总结						

课后活动

一、填空题

1. PLC 中文译为_____。

2. 西门子 S7 系列产品根据 PLC 的控制规模大小，可以分为_____、_____和_____。其中大型机有_____、S7-400 等系列；中型机有_____等系列；小型机有_____等系列。

3. 西门子 S7 系列 PLC_____、速度快、_____，具有_____通信能力，功能更强，可靠性高。

4. 本任务采用的西门子 S7-1200 PLC 的通信接口为_____。

5. 西门子 PLC 的数据类型有_____、_____、_____和_____。本次采集的是_____。

二、问答题

根据所学知识及西门子 PLC 数据通信接口类型，选择合适的工业智能网关，并说明理由。

任务拓展

根据欧姆龙 CP1E-N30DR-D 数据手册，查找相应型号的通信接口位置，选择合适的工业智能网关。

5.2 连接西门子 PLC 和工业智能网关

任务描述

"这台 PLC 看着比之前的传感器结构都要复杂,张工,这是不是意味着连接西门子 PLC 和工业智能网关也会更难上手呢?"小刘问。张工程师对小刘说:"这个不需要担心,只要你了解和学会上一个任务中涉及的知识,根据参数做一根正确的通信电缆,并利用这根通信电缆把两个设备连接起来,那么看起来困难的项目,做起来就简单了。"

说完,张工将西门子 PLC 和选好的工业智能网关摆在工作台上,还把其他一些工具和制作材料也一并拿了出来。

学习目标

素质目标:
1)养成科学严谨的工作态度。
2)培养团结意识。
3)培养举一反三的学习能力。

知识目标:
1)理解通信电缆的概念。
2)掌握通信电缆制作和检测过程中需要使用的工具。

能力目标:
1)能够正确制作通信电缆。
2)能够正确检测通信电缆。
3)能够正确连接西门子 PLC 和工业智能网关。

任务实施

任务实施指引	本任务围绕连接西门子 PLC 和工业智能网关这一工作目标,重点学习通信电缆的定义、制作方法、检测方法和连接方法

5.2.1 制作通信电缆

1. 所使用的电缆

(1)电缆和接口

S7-1200 PLC 的接口为 1 个 RJ45 接口。本任务所使用的电缆为网线,用于在网络间传递信息。常用的网线有 3 种：双绞线、同轴电缆和光缆（光纤）。本任务中的网线特指双绞线。S7-1200 PLC 支持自动极性变换功能，因此连接工业智能网关和 S7-1200 PLC 两端的网口线序为 T568B。

 知识链接

由第 2 章 2.2 节中网口的相关概念可知，RJ45 连接头俗称水晶头，属于双绞线以太网接口类型。RJ45 连接头只能沿固定方向插入，用一个塑料弹片卡住网络接口，以防止脱落。RJ45 连接头与网线接口如图 5-7 所示。

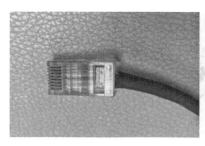

图 5-7　RJ45 连接头与网线接口

双绞线由若干对绞的线对组成，其中每一对对绞线由两根具有绝缘保护层的铜导线组成。其原理是把两根绝缘的铜导线按一定密度互相绞在一起，每一根铜导线在传输中辐射出来的电波会被另一根线上发出的电波抵消，有效降低信号干扰的程度。

（2）线序简介

在双绞线线序标准中应用最广的是 568 标准（T568A 和 T568B）。568 标准定义了 4 对双绞线构成的 8 芯线在接口上的分布（排列）标准：1-2，3-6，4-5，7-8。

标准中的子类 A、B 用颜色为这 4 对双绞线定义了线序，具体如下。

T568A：绿（1-2）；橙（3-6）；蓝（4-5）；棕（7-8）。

T568B：橙（1-2）；绿（3-6）；蓝（4-5）；棕（7-8）。

每一对线色中，花线在前，实线在后。

568 标准秉承了未被认证的电话标准，即保留了正中间（4-5）位置给电话使用。早期电话使用蓝色和绿色线，绿色线为扩展备用。因为在网络中，单一线路采用单工通信，所以网络必须用两条线路来完成双向通信，即绿色线对（1-2）为发送 TX，新加入的橙色线对（3-6）为接收 RX，另增加棕色线对（7-8）为备用线路，从而构成 8 芯 4 对的 T568A 线序标准。

一对线只完成单一方向传输，因此一个设备的发送端必须与另一个设备的接收端相连，才能正常通信。T568B 标准定义了与 T568A 相反的线序。需要注意的是，保留（4-5）和备用（7-8）线序不变，正好满足 TX → RX 和 RX ← TX 的需求，也就产生了交叉线的概念。

为了简化施工工序，规定非终端设备采用接口第一线对为 RX（1-2），第二线对为 TX（3-6）。因此，计算机类终端设备在和交换机类非终端设备连接时应使用直连线，即线的两端同时用 T568A 标准（或 T568B 标准）。

综上,4 对双绞线构成的 8 芯线的连接口诀为同类设备交叉、异类设备直连。本任务使用 T568B,T568B 线序如图 5-8 所示。

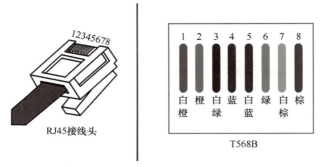

图 5-8　T568B 线序

2. 通信电缆的制作

(1) 准备工作

需准备的工具:网线钳、测试仪。网线钳如图 5-9 所示,测线仪如图 5-10 所示。

图 5-9　网线钳

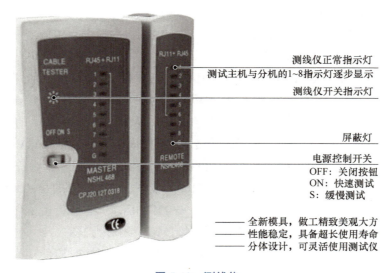

图 5-10　测线仪

（2）制作过程

步骤一：用压线钳将双绞线一端的外皮剥去 3cm，然后按 T568B 标准顺序将线芯端捋直并拢。T568B 线序示例如图 5-11 所示。

步骤二：将线芯放至网线钳切刀处，8 根线芯要在同一平面上并拢，而且尽量直，留下一定的线芯长度，在约 1.5cm 处剪齐。将线芯剪齐示例如图 5-12 所示。

 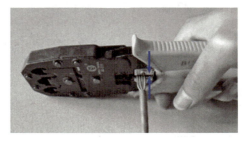

图 5-11　T568B 线序示例　　　　　　　图 5-12　将线芯剪齐示例

步骤三：将网线插入 RJ45 连接头中，插入过程中要力度均衡直至插到尽头。检查 8 根线的芯是否已经全部充分、整齐地排列在连接头里面。将网线插入 RJ45 连接头如图 5-13 所示。

步骤四：用网线钳用力压紧连接头，抽出网线钳即可。压紧连接头如图 5-14 所示。

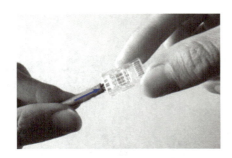 

图 5-13　将网线插入 RJ45 连接头　　　　　图 5-14　压紧连接头

步骤五：用同样的方法制作另一端网线，线序同样为 T568B。

5.2.2　检测通信电缆

把网线的两头分别插入测线仪，测线仪接入待测网线如图 5-15 所示。打开测线仪开关，观察测试指示灯是否亮起。如果网线正常，那么测线仪上的两排指示灯会同步亮起，如果指示灯没有同步亮起，证明该线芯连接有问题，应重新制作。测线仪正在检测网线如图 5-16 所示。

图 5-15　测线仪接入待测网线　　　　图 5-16　测线仪正在检测网线

 随堂笔记

_____
_____
_____
_____

5.2.3　连接通信电缆

步骤一：将测试完成的网线一端接入实训台的西门子 PLC 通信接口，西门子 PLC 通信接口位置如图 5-17 所示。

步骤二：将网线的另一端接入选定的工业智能网关 ETH3 接口。工业智能网关 ETH3 接口如图 5-18 所示。

步骤三：网线插入工业智能网关 ETH3 接口后，将 PLC 模组和工业智能网关通电，查看是否连接成功并收集数据。

PLC 模组电源线接头有防反接设计，需对准凸起处进行电源安装，安装好后需拧紧接口后端螺钉。PLC 模组电源接口如图 5-19 所示。

图 5-17　西门子 PLC 通信接口位置

工业智能网关 ERR 灯（故障信号灯）闪烁或者西门子 PLC 网络连接指示灯不亮，说明网线连接有问题，应检查网线或连接接口。通信出现故障示例如图 5-20 所示。采集西门子 PLC 数据最终连接如图 5-21 所示。

图 5-18　工业智能网关 ETH3 接口　　图 5-19　PLC 模组电源接口　　图 5-20　通信出现故障示例

图 5-21　采集西门子 PLC 数据最终连接

 随堂笔记

_____
_____
_____
_____
_____

任务考核

连接西门子 PLC 与工业智能网关考核见表 5-7，结合小组的任务实施情况，对每名学生进行任务实施考核。考核过程参照工业互联网设备数据采集 1+X 职业技能等级证书制度试点要求，并将结果记录在表 5-7 中。学生进行互评，再请教师复评。通过任务实施评价，各小组之间、学生之间可以通过分享实施过程，相互借鉴经验。

表 5-7　连接西门子 PLC 与工业智能网关考核

项目		要求	应得分		得分	备注
任务实施	制作通信电缆	熟知通信电缆的定义，熟练制作红黑线电缆	准确率	15		
			完整性	15		
	检测并连接通信电缆	学会接通电源，找到对应连线接口	准确率	15		
			完整性	15		
任务评价	小组互评	从信息获取、信息处理、分析归纳、工作态度、职业素养等方面进行评价	20			
	教师评价	从信息获取、信息处理、分析归纳、工作态度、职业素养等方面进行评价	20			
合计						
经验总结						

课后活动

一、填空题

1. 常用的网线有 3 种：_____、_____和_____，在本任务中特指_____。
2. 在双绞线线序标准中应用最广的是_____和_____。
3. 西门子 PLC 与智能网关通信时，智能网关使用_____网口。
4. 智能网关_____闪烁或者西门子 PLC 网络连接_____，说明网线连接有问题，应检查网线与连接接口。
5. 本任务使用的实训台工业智能网关电源电压为_____V，实训台 PLC 模组电源电压为_____V。

二、实践题

按步骤制作一根 T568B 线序的双绞线。

5.3　工业智能网关的基本参数配置

任务描述

小刘通过前几章的学习认识到，工业智能网关与工业设备之间仅仅依靠物理连接是不行的，工业智能网关能够正确地采集数据还需要进行基本参数配置，以及根据不同采集目的选择不同的采集协议。

第一个要完成的任务就是工业智能网关的基本参数配置。

素质目标:

1) 养成科学严谨的工作态度。

2) 培养安全意识。

3) 培养民族精神。

知识目标:

1) 了解工业智能网关配置前准备工作的步骤。

2) 了解工业智能网关配置界面的基本设置。

3) 了解工业智能网关基本参数配置的步骤。

能力目标:

1) 能够正确进行工业智能网关配置前的准备工作。

2) 登录/退出工业智能网关配置界面。

3) 能够正确操作工业智能网关的系统设置。

任务实施指引	工业智能网关的基本参数配置包括配置前的准备工作和基本参数配置两个步骤。其中,基本参数配置又包含若干配置步骤,需要结合工业智能网关配置界面的结构对基本参数进行逐个配置

5.3.1 工业智能网关配置前的准备工作

在工业智能网关(已选定为 VT-EDU-E001 型)通电后,用网线连接工业智能网关的上传接口网口(Web 登录网口)与计算机网口,设置计算机的 IP 地址与 VT-EDU-E001 型工业智能网关在同一网段下,即 192.168.1.100,再进行用户侧 IP 地址设置(具体步骤同 3.3.2 节中的相关内容)。

5.3.2 通过 Web 浏览器登录工业智能网关配置界面

打开 Web 浏览器,在地址栏中输入"工业智能网关的默认地址"(如果工业智能网关 IP 地址已修改,那么输入修改后的实际 IP 地址),网络设置正常后,可以进入工业智能网关的配置界面。

5.3.3 认识工业智能网关的配置界面

工业智能网关配置界面的结构大体相同，同时根据工业智能网关的型号、采集的设备以及数据采集的需求，工业智能网关的配置界面又略有不同。

本任务以西门子 PLC 数据采集所选用的 VT-SDU-E001 型工业智能网关为例，详细介绍网络设置、数据采集和系统信息的相关内容。VT-SDU-E001 型工业智能网关的配置界面如图 5-22 所示。

图 5-22　VT-SDU-E001 型工业智能网关的配置界面

VT-SDU-E001 型工业智能网关的配置界面分为 5 个部分，分别为系统信息、数据采集、网络设置、MQTT 和串口设置。

1. 系统信息

在系统信息配置界面中，只有设备 ID 可以进行设置。

2. 网络设置

网络设置界面如图 5-23 所示，左侧为数据上传接口设置，与计算机的 IP 地址处于同一网段；右侧为设备接口设置，与被采集设备 IP 地址处于同一网段。

图 5-23　网络设置界面

3. 数据采集

数据采集界面如图 5-24 所示，主要包括西门子 PLC 的 IP 地址、设备型号、Modbus 映射区域等。这些内容大多是固定的或已由现场工程师提前提供，需要按照要求进行配置。

图 5-24　数据采集界面

工业数据采集

任务考核

配置工业智能网关基本参数考核见表 5-8，结合小组的任务实施情况，对每名学生进行任务实施考核。考核过程参照工业互联网设备数据采集 1+X 职业技能等级证书制度试点要求，并将结果记录在表 5-8 中。学生进行互评，再请教师复评。通过任务实施评价，各小组之间、学生之间可以通过分享实施过程，相互借鉴经验。

表 5-8　配置工业智能网关基本参数考核

班级：　　　　　　　　　　　　　　　　姓名：
小组：　　　　　　　　　　　　　　　　学号：

项目		要求	应得分		得分	备注
任务实施	配置准备工作	根据所学知识进一步配置界面	准确率	20		
			速度	10		
	工业智能网关配置界面操作	熟知每个界面上每一条指标的含义和默认值	准确率	15		
			完整性	15		
任务评价	小组互评	从信息获取、信息处理、分析归纳、工作态度、职业素养等方面进行评价	20			
	教师评价	从信息获取、信息处理、分析归纳、工作态度、职业素养等方面进行评价	20			
合计						
经验总结						

5.4　配置工业智能网关采集参数

 任务描述

学习完工业智能网关的基本参数及登录方法后，接下来学习如何在工业智能网关中添加工业设备，修改与采集工业设备对应的参数以及添加工业设备产生的工业数据。

 学习目标

素质目标：

1）养成科学严谨的工作态度。

2）培养团结意识。

3）培养举一反三的学习能力。

知识目标：

1）了解工业智能网关网络设置的步骤。

2）了解工业智能网关数据采集设置的步骤。

能力目标：

1）能够正确在 Web 界面进行网络设置。

2）能够正确在 Web 界面进行数据采集设置。

5.4.1 工业智能网关的系统信息配置

在系统信息配置界面中，只有设备 ID 可以进行设置。通常来说不做修改，但是如果现场设备繁多、种类复杂，需要进行规范化管理时，建议对工业智能网关进行规律化、规范化命名（只能由数字、大小写字母及下划线构成）。

5.4.2 工业智能网关的网络配置

ETH2 以太网口是数据接口，与 PC 端连接，其 IP 地址可进行重新配置，需要注意的是，其 IP 地址应与计算机的网络配置在同一网段，但不相同。子网掩码、网关、DNS 按网络要求设置，默认为 255.255.255.0、192.168.1.251、8.8.8.8。其余参数如 Modbus 映射区域默认值为 1，不可随意改动。

ETH1 以太网口是工业智能网关与被采集设备连接的数据接口，本任务特指连接西门子 PLC 的网口。在进行 IP 地址设置时，需要与被采集设备设置在同一网段，如西门子 PLC 的 IP 地址为 192.168.0.1，则 ETH1 的 IP 地址应设置为 192.168.0.×××（×××：2~254），这里将其设置为 192.168.0.100。子网掩码、DNS 按网络要求设置，默认为 255.255.255.0、8.8.8.8。网关设置为被采集设备的 IP 地址，这里将其设置为 192.168.0.1。工业智能网关的网络配置界面如图 5-25 所示。

图 5-25　工业智能网关的网络配置界面

5.4.3 工业智能网关的数据采集配置

1. S7COM IP 地址

数据采集界面如图 5-26 所示，西门子 PLC 的 S7C0M 的 IP 地址默认为 192.168.0.1（如果西门子 PLC 的 IP 地址已更改，则填写西门子 PLC 的实际 IP 地址）。

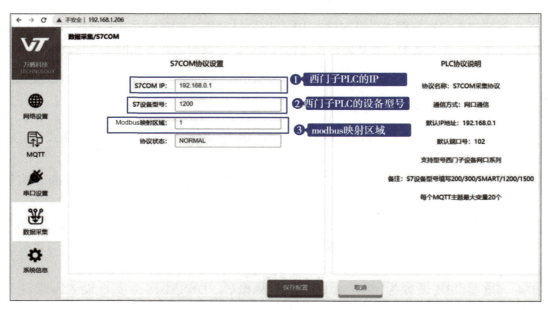

图 5-26 数据采集界面

2. 设备型号

设备型号需要根据真实情况进行填写，本任务需要填写的型号为"1200"（S7 系列设备型号可填写的项有 200、300、SMART、1200、1500 等）。

3. Modbus 映射区域

Modbus 映射区域映射了西门子 PLC 的 DB，Modbus 映射区域填写"1"，即对应数据块 1。

> 随堂笔记

_____
_____
_____
_____
_____

 **任务考核**

设置工业智能网关采集参数考核见表 5-9，结合小组的任务实施情况，对每名学生进行任务实施考核。考核过程参照工业互联网设备数据采集 1+X 职业技能等级证书制度试点要求，并将结果记录在表 5-9 中。学生进行互评，再请教师复评。通过任务实施评价，各小组之间、学生之间可以通过分享实施过程，相互借鉴经验。

表 5-9 设置工业智能网关采集参数考核

班级：			姓名：			
小组：			学号：			
项	目	要 求	应	得 分	得分	备注
任务实施	登录工业智能网关配置界面	能熟练登录配置界面	准确率	10		
			速度	5		
	进行系统信息配置和网络配置	注意命名规范并完成网络配置	准确率	15		
			完整性	10		
	数据采集配置	填写正确的采集量程	准确率	20		
任务评价	小组互评	从信息获取、信息处理、分析归纳、工作态度、职业素养等方面进行评价	20			
	教师评价	从信息获取、信息处理、分析归纳、工作态度、职业素养等方面进行评价	20			
合计						
经验总结						

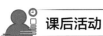 **课后活动**

一、填空题

1. 工业智能网关网络配置界面中_____以太网口是工业智能网关与被采集设备连接的数据接口，本任务特指连接西门子 PLC 的网口。

2. 西门子 PLC 所选择的工业智能网关配置界面中，数据采集主要包括_____、_____、Modbus 映射区域，这 3 个部分是需要设置的。

二、判断题

1. 由于本任务中西门子 PLC 采用串口通信，所以需要配置串口参数。（　　）

2. 工业智能网关的数据采集配置中，设备 ID 不能修改。（　　）

三、问答题

简要阐述本任务中工业智能网关配置界面的数据采集各选项功能。

5.5 测试工业互联网设备数据采集系统

任务描述

经过网关选型、通信电缆制作/网关连接、参数配置/设置等一系列过程后，小刘感觉自己离成功只有一步之遥了，"小刘，先别急着采集传感器数据，这里还有一个重要的步骤，那就是测试咱们所搭建的工业互联网设备数据采集系统是否能正常运行。"张工程师说。

学习目标

素质目标：
1）养成科学严谨的工作态度。
2）培养劳动精神。
3）培养举一反三的学习能力。

知识目标：
1）了解工业智能网关网络连接状态的检测方法。
2）了解常用网络工具的使用方法。
3）了解常用分析软件的使用方法。

能力目标：
1）能够通过计算机正确检测工业智能网关的网络连接状态。
2）能够使用常用分析软件判断数据的准确性。
3）能够正确判断工业智能网关与西门子 PLC 之间的网络通信数据。

5.5.1 测试网络连通性

通过 ping 命令查看 PC 端与网关的网络连通性。

随堂笔记

_____
_____
_____
_____
_____
_____

5.5.2 测试数据采集的准确性

1. 使用 Modbus Poll 与工业智能网关连接

在 PC 端打开 Modbus Poll 客户端。单击 "Connection" → "Connect" 命令。在 "Connection Setup" 界面选择 "Modbus TCP/IP",输入网关采集上传 IP 地址 "192.168.1.206" 和 Modbus 端口号 "502",然后单击 "OK" 按钮。

若 Modbus Poll 连接工业智能网关错误,则显示如图 5-27 所示。图中左上角的 Tx 为通信次数,Err 为错误次数(通信失败的次数),ID 为设备的通信 ID,F 为功能,SR 为通信时间。

如果出现 "Connect Timeout",则说明通信没有连接上,可能是连接参数选择错误,或设备 ID(通信接口)错误。

使用 Modbus Poll 读取寄存器数据如图 5-28 所示。Slave ID 为设备 ID(通信接口),可以根据通信对象进行选择。

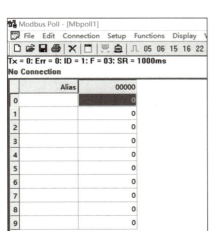

图 5-27　Modbus Poll 连接工业智能网关错误显示

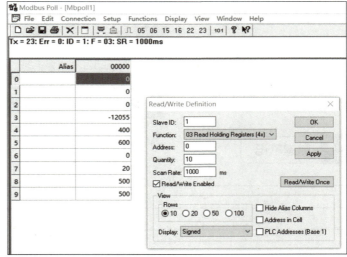

图 5-28　读取寄存器数据

Function 为功能,常用的是功能 3,即对单个寄存器进行赋值;功能 4 为对寄存器进行参数读取。

Address 为寄存器的起始位置,Quantity 为从起始位置到后面的数量,可以自行选择。

Scan Rate 为通信时间。

Rows 为软件界面的寄存器有多少行。

Display 为数据格式。

右下角的 PLC Addresses(Basel)为寄存器地址,计数从 1 开始,也就是说,Address

最小只能设置为 1，不能设置为 0。

以上参数设置完成后，就可以开始正式调试。

2. Modbus Poll 连接工业智能网关后查询数据

Modbus Poll 与工业智能网关连接正确后，可获取西门子 PLC 预置数据块的数据，可以通过 Modbus Poll 界面查看。查看寄存器数据如图 5-29 所示。

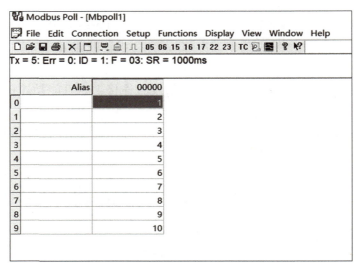

图 5-29　查看寄存器数据

5.5.3　测试数据采集的实时性

修改 PLC 的寄存器值如图 5-30 所示。当修改 Address 为 6 的 Value 数据时，双击图 5-30 中的蓝色区域，出现"Write Single Register"界面，填写 Value 值，单击"Send"按钮；工业智能网关采集数据能够实时显示修改的数值（此值只是临时修改，重启 PLC 后将恢复原 DB 中的数据）。修改后的 PLC 寄存器值如图 5-31 所示。

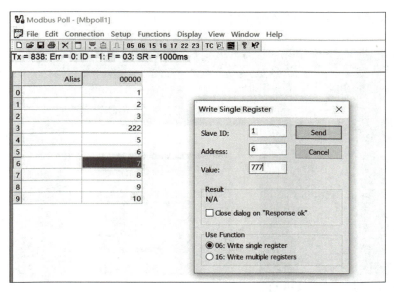

图 5-30　修改 PLC 的寄存器值

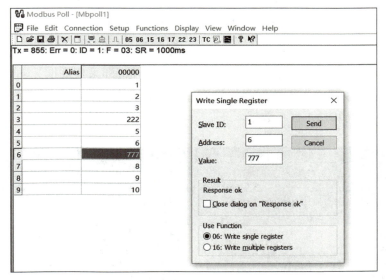

图 5-31　修改后的 PLC 寄存器值

5.5.4　采集数据存储配置及历史数据查询

1. 登录 Web 客户端

打开 Web 浏览器输入"http：//localhost：8081",进入 Web 客户端界面。

2. 进入对应任务——西门子 PLC 项目

采集西门子 PLC 数据界面如图 5-32 所示。单击图 5-32 中左侧"西门子 PLC"项目,进入采集西门子 PLC 数据界面,左侧为实训项目名称,单击对应项目名称可进入相应实训项目，右侧为采集配置区及采集数据展示区。

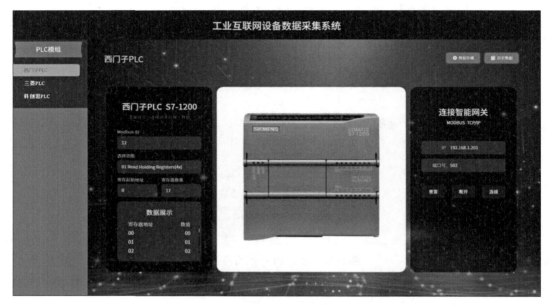

图 5-32　采集西门子 PLC 数据界面

3. 存盘时间设置

可以根据所采集的设备数据需求设置存盘时间间隔（即采样周期），单击图 5-32 右上方的"数据存储"按钮，进入数据存储设置界面。数据存储设置界面如图 5-33 所示，可以设置存盘时间间隔和是否保存数据。

图 5-33　数据存储设置界面

第 5 章　采集西门子 PLC 设备数据

知识链接

第 1 章列举了常见的采样周期，参照表 1-8，填写正确的西门子 PLC 采样周期。

4. 历史数据查询及导出

如果选择存储采集数据，则可以通过数据查询查看历史数据。查看采集的历史数据界面如图 5-34 所示，单击界面右上方的"历史数据"按钮，进入相应界面选择查询的时间段，单击"查询"按钮，右侧列表显示查询结果。

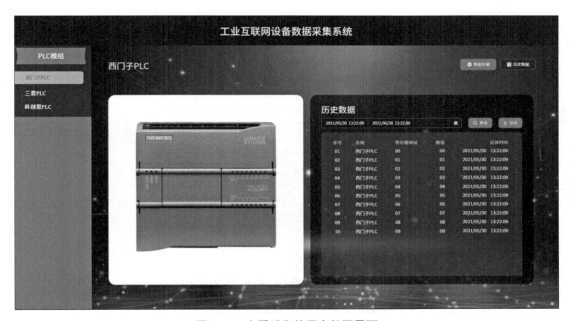

图 5-34　查看采集的历史数据界面

通过"导出"按钮导出所查询的历史数据，以 Excel 表格形式保存。查询结果数据导出如图 5-35 所示。

图 5-35　查询结果数据导出

 随堂笔记

___

___

___

___

___

 计划决策

测试工业互联网设备数据采集系统分工明细见表 5-10。为了保证任务的顺利实施，应先做好相应的计划。根据任务内容，各小组做好计划，分工到每个组员，然后按照小组决策将本组的工作计划填入表 5-10。

表 5-10 测试工业互联网设备数据采集系统分工明细

序　号	任　务　分　工	操作人员	注意事项
1	查看西门子 PLC 的数据类型，选择对应的工业智能网关		
2	连接西门子 PLC 及工业智能网关采集接口		
3	配置工业智能网关参数信息		
4	测试工业智能网关与 PC 端的网络连通性		
5	测试工业智能网关数据通信的准确性		
6	测试工业智能网关数据通信的实时性		
7	测试工业智能网关数据通信的稳定性		
8	填写通用设备数据采集测试报告		

测试工业互联网设备数据采集系统作业检查明细见表 5-11。以小组为单位，组内学员每两人一组互换任务单，对已设置的工业智能网关采集参数是否全面、准确、合理进行检查，并将检查结果记录在表 5-11 中。

表 5-11 测试工业互联网设备数据采集系统作业检查明细

班级:				
小组:		学号:		
序号	检　查　项　目	是	否	分值
1	能够通过计算机正确检测网关设备的网络连接状态			30
2	能够分析设备网络连接质量			40
3	能够正确判断网关与 PC 端的网络通信数据			30
合计				

任务考核

测试工业互联网设备数据采集系统考核见表 5-12,结合小组的任务实施情况,对每名学生进行任务实施考核。考核过程参照工业互联网设备数据采集 1+X 职业技能等级证书制度试点要求,并将结果记录在表 5-12 中。学生进行互评,再请教师复评。通过任务实施评价,各小组之间、学生之间可以分享实施过程,相互借鉴经验。

表 5-12 测试工业互联网设备数据采集系统考核

班级:						
小组:			姓名:			
			学号:			
项 目		要 求		应 得 分	得分	备注
任务实施	测试网络连通性	会用 ping 命令进行测试	准确率	10		
	测试网关数据通信的准确性	通过 Web 端进行数值查看	准确率	10		
			完整性	10		
	测试网关数据通信的实时性	会使用 Modbus Poll 查看数据	准确率	10		
			完整性	10		
	测试网关数据通信的稳定性	掌握稳定性的含义和验证方法	准确率	10		
任务评价	小组互评	从信息获取、信息处理、分析归纳、工作态度、职业素养等方面进行评价		20		
	教师评价	从信息获取、信息处理、分析归纳、工作态度、职业素养等方面进行评价		20		
合计						
经验总结						

任务实施评价和任务实施处理见 3.5 节。

课后活动

一、填空题

1. 测试 PC 端与工业智能网关的连通性使用的指令是_____。
2. 本任务中工业智能网关采集的是西门子 PLC 中的_____。
3. 使用 Modbus Poll 与工业智能网关通信采用的通信协议为_____。
4. Modbus Poll 支持多文档接口,即可以同时监视_____/_____。每个窗口可以简单地设定设备 ID、功能、地址、大小和轮询间隔。

二、问答题

简要阐述验证工业智能网关采集西门子 PLC 数据实时性的步骤。

第 6 章
采集三菱 PLC 数据

第 5 章学习了使用工业智能网关采集西门子 PLC 数据的方式、方法，本章继续学习采集另一种应用比较广泛的三菱 PLC 的数据。

目前，PLC 已成为工业自动化领域中最重要、应用最多的控制装置，位居工业生产自动化三大支柱（PLC、机器人、计算机辅助设计与制造）的首位，是新型工业化必不可少的一环！三菱 PLC 是一种以微处理器为核心，将自动控制技术、通信技术和计算机技术融为一体的新型工业自动控制装置。

三菱 PLC 能通过数字式或模拟式的输入和输出，控制各种类型的机械或生产过程，目前被广泛应用于石油、钢铁、电力、化工、机械制造、轻纺、汽车、交通运输、环保及文化娱乐等行业。

本章从数据采集项目的全流程着眼，通过选择工业智能网关、连接三菱 PLC 和工业智能网关、配置工业智能网关基本参数、配置工业智能网关采集参数、测试工业互联网设备数据采集系统 5 个步骤，介绍数据采集各个实施步骤中的知识点和技能点。

6.1 选择工业智能网关

任务描述

今天又是美好的一天，张工程师见到小刘说："小伙子，好样的！上次使用工业智能网关采集西门子 PLC 的数据做得不错，现在我们来看另一种工业中应用较广的 PLC。目前，我在这种 PLC 的 DB 中也存放了一些数据，根据前面的实训经验，你需要通过选择、连接工业智能网关，将 PLC 中预置的数据读取出来。"

张工程师说完就把小刘带入实训室，实训台上多了一个白色的 PLC 模组。

张工程师给出了今天的工作要求：收集尽可能详细、准确的现场信息，并根据这一场景填写一份全面的信息收集表，然后判断使用哪个网关可以完成这一任务，最终实现为三菱 PLC 选择一个合适的工业智能网关的任务目标。

素质目标：
1）养成科学严谨的工作态度。
2）培养科技报国情怀。

知识目标：
1）理解设备信息收集的基本概念和方法。
2）理解采集对象数据信息的基本概念。
3）了解工业智能网关选型涉及的其他信息。

能力目标：
1）能够准确收集设备信息。
2）能够准确收集采集对象的数据信息。
3）能够准确收集其他相关信息。
4）能够结合设备信息和数据信息选择合适的工业智能网关。

 任务实施

任务实施指引	在教师的指导下，学生收集尽可能详细、准确的现场信息，并根据这一场景填写一份全面的信息收集表，然后判断使用哪个型号的工业智能网关可以完成这一任务，最终达成为三菱 PLC 选择一个合适的工业智能网关的目标

工业现场信息收集见表 6-1。

表 6-1 工业现场信息收集

设备基本信息					
项目					
详细信息					
设备参数信息					
参数					
技术指标					
数据信息					
数据名称					
数据特征					
其他信息					
项目					
详细信息					

选择合适的工业智能网关是工业互联网设备数据采集系统项目顺利完成的前提条件。

在工业智能网关选型过程中，需要充分了解采集对象的相关信息，包括设备的基本信息和重要参数；需要了解采集设备可能会产生哪些数据，以及数据本身的概念和特征；需要了解数据采集之后的上传方式和用途。掌握以上信息后，还需要综合考虑多种因素，选择最合适的一款工业智能网关。

6.1.1 三菱 PLC 概述

1. 产品介绍

三菱 PLC 概述

三菱 PLC 采用一类可编程的存储器，用于其内部存储程序，执行逻辑运算、顺序控制、定时、计数与算术操作等面向用户的指令，并通过数字或模拟式输入/输出控制各种类型的机械或生产过程。三菱 PLC 在国内市场常见的有 FR-FX$_{1N}$、FR-FX$_{1S}$、FR-FX$_{2N}$、FR-FX$_{3U}$、FR-FX$_{2NC}$、FR-A、FR-Q 等系列。三菱 FR-FX$_{3U}$-48M 型 PLC 如图 6-1 所示。

图 6-1　三菱 FR-FX$_{3U}$-48M 型 PLC

2. 产品系列

FX$_{1S}$ 系列 PLC 是一种集成型小型单元式 PLC，具有完整的性能，以及通信功能等扩展性。如果考虑安装空间和成本，那么它是一种理想的选择。

FX$_{1N}$ 系列 PLC 是一款功能强大的普及型 PLC，具有扩展输入/输出、模拟量控制和通信、链接功能等扩展性，是一款广泛应用于一般顺序控制的三菱 PLC。

FX$_{2N}$ 系列 PLC 具有高速处理及可扩展大量满足单个需要的特殊功能模块等特点，可为工厂自动化应用提供最大的灵活性和控制力。

FX_{3U} 系列 PLC 是三菱电机公司推出的第三代三菱 PLC，其基本性能大幅提升，晶体管输出型的基本单元内置了 3 轴独立最高 100kHz 的定位功能，并且增加了新的定位指令，从而使定位控制功能更强大，使用更方便。

FX_{3G} 系列 PLC 也是三菱电机公司推出的第三代三菱 PLC，其基本单元自带两路高速通信接口（RS422 和 USB），内置 32KB 大容量存储器，在标准模式时，基本指令处理速度可达 0.21μs，控制规模在 14~256 点（包括 CC-Link 网络 I/O），定位功能设置简便（最多 3 轴），基本单元左侧最多可连接 4 台 FX_{3U} 系列特殊适配器，可实现浮点数运算，可设置两级密码，每级密码为 16 字符，增强密码保护功能。

FX_{1NC}、FX_{2NC}、FX_{3UC} 系列则在三菱 PLC 保持原有强大功能的基础上，实现了极为可观的规模缩小 I/O 接线接口，不仅降低了接线成本，而且节省了时间。

此外，三菱 PLC 还有 Q 系列、A 系列等，在此不做赘述。

3. 本任务使用的三菱 PLC

本任务使用的三菱 PLC 型号为 FX_{3U}-16MR/DS。可编程序控制器模组上的三菱 FX_{3U}-16MR/DS 型 PLC 如图 6-2 所示，通信接口位置如图 6-3 所示。

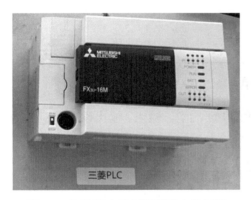

图 6-2　可编程序控制器模组上的三菱 FX_{3U}-16MR/DS 型 PLC

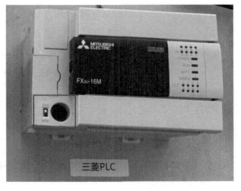

图 6-3　通信接口位置

4. 常见的使用场景

开关量逻辑控制是 PLC 的基本功能，是 PLC 最开始也是最广泛的应用，替代了以往的继电器电路控制，从而实现了逻辑顺序控制；可用于单机设备的控制，也可用于群机控制及自动化工厂流水线。

开关量逻辑控制的应用场景包括组合机床、磨床、包装生产流水线等。

下面选取一个与工业生产相关的场景来描述 PLC 在实际应用中的情况。多级传送带控制系统的传送带结构如图 6-4 所示，可用于生产物料的运输，防止物料堆积。

1）PLC 对系统的控制要求如下：按下启动按钮后，电磁阀 YV 打开，开始落料，同时一级传送带电动机 M1 起动，将物料往前传送，6s 后二级传送带电动机 M2 起动，M2 起动 5s 后三级传送带电动机 M3 起动，M3 起动 4s 后四级传送带电动机 M4 起动。

按下停止按钮后，为了不让各传送带上有物料堆积，应先关闭电磁阀 YV，6s 后使 M1 停转，M1 停转 5s 后使 M2 停转，M2 停转 4s 后使 M3 停转，M3 停转 3s 后使 M4 停转。

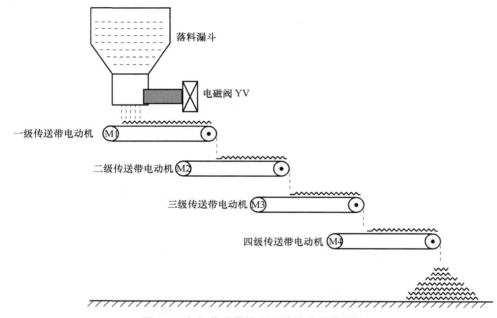

图 6-4 多级传送带控制系统的传送带结构

2）确定输入/输出设备，并为其分配合适的 I/O 端子。输入/输出设备和对应的 PLC 端子见表 6-2。

表 6-2 输入/输出设备和对应的 PLC 端子

输入			输出		
输入设备	对应的 PLC 端子	功能说明	输出设备	对应的 PLC 端子	功能说明
SB1	X0	启动控制	KM1 线圈	Y0	控制电磁阀 YV
SB2	X1	停止控制	KM2 线圈	Y1	控制一级传送带电动机 M1
			KM3 线圈	Y2	控制二级传送带电动机 M2
			KM4 线圈	Y3	控制三级传送带电动机 M3
			KM5 线圈	Y4	控制四级传送带电动机 M4

3）多级传送带控制电路如图 6-5 所示。

4）PLC 控制程序如图 6-6 所示。

第 6 章 采集三菱 PLC 数据

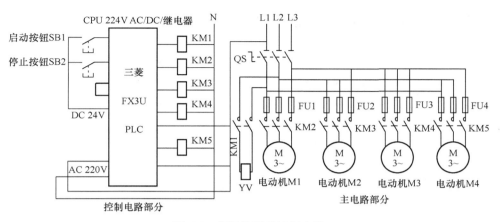

图 6-5 多级传送带控制电路

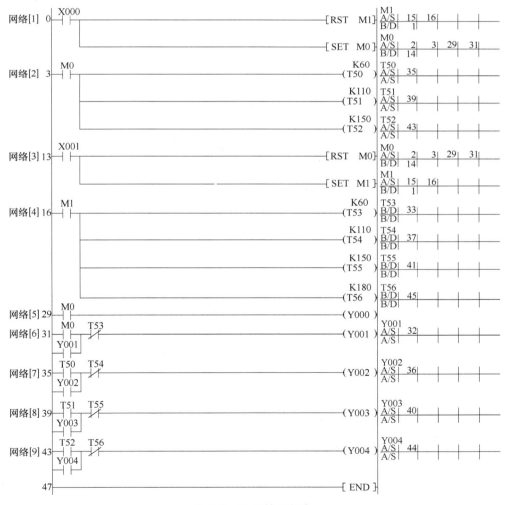

图 6-6 PLC 控制程序

5）多级传送带控制系统停止控制逻辑原理如图 6-7 所示。

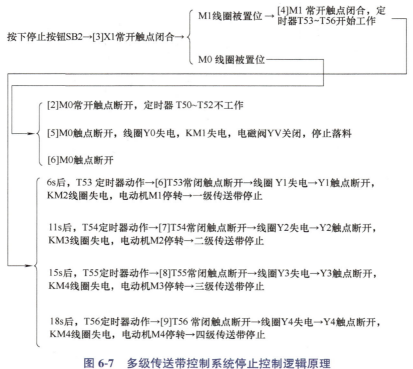

图 6-7　多级传送带控制系统停止控制逻辑原理

注：图中［2］~［9］序号对应图 6-6 中的程序网络序号

启动控制：按下启动按钮 SB1，PLC 的输入口 X0 获得启动信号，PLC 程序开始运行。

停止控制：按下停止按钮 SB2，PLC 的输入口 X1 获得停止信号，PLC 程序停止运行。

6.1.2　三菱 PLC 的设备信息

1. 设备的基本信息

收集设备信息，首先要对设备有基本的了解，包括设备类型、设备名称、生产厂家、设备型号、设备数量等，并据此来查阅准确的设备资料（如产品手册、说明书等），缩小工业智能网关的选型范围，进而确定工业智能网关的具体型号。

收集的设备基本信息见表 6-3。

表 6-3 收集的设备基本信息

设 备 类 型	设 备 名 称	生 产 厂 家	设 备 型 号	设备数量 / 台	备注
PLC	PLC	三菱电机	FX$_{3U}$-16MR/DS	1	

2. 设备的技术参数信息

查阅产品说明书，可了解本任务选用的三菱 FX$_{3U}$-16MR/DS 型 PLC 的全部技术参数，FX$_{3U}$-16MR/DS 设备参数信息见表 6-4。需要收集的设备参数信息见表 6-5。

表 6-4 FX$_{3U}$-16MR/DS 设备参数信息

序 号	参 数	技 术 指 标
1	产品名称	PLC
2	型号	FX$_{3U}$-16MR/DS
3	最大的输入 / 输出点数	16 点
4	电源电压	DC 24V
5	输入点数	8 点
6	输出点数	8 点
7	输出类型	继电器
8	耗电量	25W
9	重量	0.6kg
10	尺寸	130mm × 90mm × 86mm
11	基本指令	每个指令 0.065μs
12	应用指令	每个指令 0.642μs
13	控制点数	大 256 点
14	接口个数	1 个 MD8 插座
15	接口类型	RS422
16	通信协议	三菱私有协议

表 6-5 需要收集的设备参数信息

序 号	参 数	技 术 指 标
1	电源电压	DC 24V
2	接口个数	1 个 MD8 插座
3	接口类型	RS422
4	通信协议	三菱私有协议

6.1.3 三菱 PLC 的数据信息

在 PLC 内部结构和用户应用程序中存在着大量的数据，这些数据从结构或数制上具有以下几种形式。

（1）十进制数

十进制数在 PLC 中又称字数据。它主要是定时器和计数器的设定值 K，辅助继电器、定时器、计数器、状态继电器等的编号，定时器和计数器的当前值等。

（2）二进制数

十进制数、八进制数、十六进制数、BCD 码（用二进制编码的十进制数代码）在 PLC 内部均以二进制数的形态存在。但使用外围设备进行系统运行监控显示时，会被还原为原来的数制。一位二进制数在 PLC 中又称位数据。它主要存在于各类继电器、定时器、计数器的触点及线圈中。

（3）八进制数

三菱 FX 系列 PLC 的输入继电器、输出继电器的地址编号采用八进制数。

（4）十六进制数

十六进制数可用于指定应用指令中的操作数或指定动作。

（5）BCD 码

BCD 码是以 4 位二进制数表示与其对应的一位十进制数的方法。PLC 中的十进制数常以 BCD 码的形态出现，BCD 码还常用于 BCD 输出形式的数字式开关或七段码的显示器控制等方面。

（6）常数 K、H

常数是 PLC 内部定时器、计数器、应用指令不可分割的一部分。常数 K 可用来表示十进制数，16 位常数的范围为 –32768~32767，32 位常数的范围为 –2147483648~2147483647。常数 H 可用来表示十六进制数，十六进制包括 0~9 和 A~F 这 16 个数字和字母，16 位常数的范围为 0~FFFF，32 位常数的范围为 0~FFFFFFFF。

6.1.4 工业智能网关选型涉及的其他信息

设备信息和数据信息收集完成后，还需要关注更多的信息，以最终达成工业智能网关选型的任务目标。根据本任务内容整理采集带有三菱 PLC 设备数据的评估报告，见表 6-6。

表 6-6 采集带有三菱 PLC 设备数据的评估报告

班级：			
小组：		姓名： 学号：	
名　　称		内　　容	备注
采集 PLC 数据	数据存储位置		
	PLC 数据端口		
	PLC 数据输出方式		
	数据采集连接方式		
选型网关	工业智能网关型号		
	工业智能网关采集接口		
	采集数据上传协议		
总结			

知识链接

第 3 章 3.1 节完整且详细地介绍了实训中工业智能网关的选型标准，这里不再赘述。

由上述知识链接可知，在工业智能网关选型过程中，除了设备信息和数据信息，还需要提前了解数据的上传方式和上传协议。

随堂笔记

———————————————————————————————
———————————————————————————————
———————————————————————————————
———————————————————————————————

任务考核

工业智能网关选型考核见表 6-7。结合小组的任务实施情况，对每名学生进行任务实施考核。考核过程参照 1+X 证书制度试点要求，并将结果记录在表 6-7 中。学生进行互评，再请教师复评。通过任务实施评价，各小组之间、学生之间可以分享实施过程，相互借鉴经验。

表 6-7　工业智能网关选型考核

班级：			姓名：		
小组：			学号：		

项　目		要　求	应 得 分		得 分	备注
任务实施	三菱 PLC 的概念	熟知三菱 PLC 的定义，熟练掌握三菱 PLC 的使用	准确率	10		
			完整性	10		
	收集设备信息	从说明书中选出有效采集参数，了解 RS422 的输出方式、简单的接线方式，选择正确型号的工业智能网关	准确率	10		
			完整性	10		
	三菱 PLC 数据	熟知三菱 PLC 数据分类	准确率	10		
			完整性	10		
任务评价	小组互评	从信息获取、信息处理、分析归纳、工作态度、职业素养等方面进行评价	20			
	教师评价	从信息获取、信息处理、分析归纳、工作态度、职业素养等方面进行评价	20			
合计						
经验总结						

课后活动

一、填空题

1. 在工业智能网关选型过程中，需要充分了解采集对象的相关信息，包括设备的_____和_____。

2. 三菱 PLC 在国内市场常见的有_____、_____、_____、_____等系列，本实训项目使用的三菱 PLC 型号是_____。

3. 具有高速处理及可扩展大量满足单个需要的特殊功能模块等特点，为工厂自动化应用提供最大的灵活性和控制力的 PLC 系列是_____。

4. 本任务采用的三菱 PLC 的通信输出方式为_____，接口类型为_____。

5. 根据本任务描述所选择的工业智能网关型号是_____。

二、问答题

在 PLC 内部结构和用户应用程序中存在着大量的数据，这些数据从结构或数制上具有多种形式。根据所学知识，简要阐述三菱 PLC 的数据形式。

6.2 连接三菱 PLC 和工业智能网关

任务描述

"张工程师,我看着这个三菱 PLC 的通信接口比西门子 PLC 的接口要复杂,而且三菱 PLC 的接口和工业智能网关的接口没有一个是一样的,这怎么接线呢?"小刘问张工程师。

张工程师对小刘说:"这个不需要担心,这次任务我们就是要做一根能够连接三菱 PLC 和工业智能网关的通信电缆。这样看起来困难的项目,做起来就简单了。"

"我们需要先了解三菱 PLC 的接口定义和工业智能网关的接口定义,然后把电缆线序对应连接就可以了。"说完,张工程师将三菱 PLC 和选好的工业智能网关摆在实训台上,还将其他的一些工具和制作材料一并拿出来。

学习目标

素质目标:

1)养成科学严谨的工作态度。
2)培养自强不息的意识。
3)培养举一反三的学习能力。

知识目标:

1)理解通信电缆的概念。
2)掌握通信电缆制作和检测过程中需要使用的工具。

能力目标:

1)能够正确制作通信电缆。
2)能够正确检测通信电缆。
3)能够正确连接三菱 PLC 和通信电缆。

任务实施

任务实施指引	本任务围绕连接三菱 PLC 和工业智能网关这一工作目标,重点学习通信电缆的定义、制作方法、检测方法和连接方法

6.2.1 制作通信电缆

1. 通信接口、线序和电缆简介

(1)通信接口

本任务对应三菱 PLC 的接口为 MD8 插座,因此需要制作的通信电缆的接头应为一端为 DB9 插座（连接工业智能网关）、另一端为 MD8 插头（连接三菱 PLC）。

（2）对比工业智能网关与三菱 PLC 的线序

工业智能网关与三菱 PLC 的接口对应线序如图 6-8 所示，三菱 PLC 的通信协议为 RS422，其接口和工业智能网关的 COM1 接口共有 5 对线互相对应，分别为 1-8、2-3、4-9、5-5、7-4。

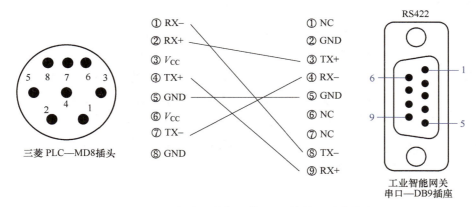

图 6-8　工业智能网关与三菱 PLC 的接口对应线序

（3）选择通信电缆

由于三菱 PLC 和工业智能网关接口共有 5 对线互相对应，所以在选择通信电缆时，应选择 5 芯及以上的通信电缆进行制作。

2. 通信电缆的制作

（1）制作前的准备工作

需要准备的耗材有 5 芯（以上）通信电缆 1.5m、MD8 插头一个、DB9 插座一个。MD8 插头散件如图 6-9 所示，带壳 DB9 插座如图 6-10 所示。本任务为制作一条通信电缆，连接三菱 PLC 接口（MD8 插头）与工业智能网关接口（DB9 插座）。

需要准备的工具有剥线钳、螺钉旋具、电烙铁及焊锡条、热风筒。

图 6-9　MD8 插头散件

（2）制作三菱 PLC 的 MD8 接口

步骤一：用剥线钳将通信电缆外皮剥掉 1~2cm，并将 5 根线芯分别剥掉 0.5cm 的外皮。如果有屏蔽层和多余的线芯，则一并剪掉。

步骤二：MD8 插头散件编号如图 6-11 所示，将 MD8 插头的塑料外壳套入通信电缆。

步骤三：用电烙铁将焊锡条熔化，把 5 芯线分别焊接至 MD8 插头的 1、2、4、5、7 插芯。三菱 PLC MD8 插头线序如图 6-12 所示。

图 6-10 带壳 DB9 插座

图 6-11 MD8 插头散件编号

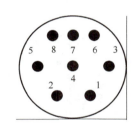

图 6-12 三菱 PLC MD8 插头线序

步骤四：将热缩管提前套至每根线芯，做好保护线芯的准备工作，将热缩管推至焊接处，确保各根线芯之间不会互相接触，留有空隙，并用热风筒加热，使热缩管收缩。MD8 插头焊接部位套热缩管如图 6-13 所示。

步骤五：将 MD8 插头的内部金属壳和塑料壳安装好，并将塑料外壳上推，确保接口安装妥当，MD8 插头配件安装顺序如图 6-14 所示。按照图 6-14 的顺序安装配件，制作完成的 MD8 插头如图 6-15 所示。

（3）制作工业智能网关的 DB9 插座接口

步骤一：用剥线钳将通信电缆外皮剥掉 1~2cm，并将 5 根线芯分别剥掉 0.5cm 的外皮。如果有屏蔽层和多余的线芯，则一并剪掉。

步骤二：本任务的线序已知，使用电烙铁焊接通信电缆至 DB9 接头。焊接电缆示例如图 6-16 所示。

步骤三：扣上 DB9 插座的外壳，完成制作。DB9 插座安装外壳完成如图 6-17 所示。

经过上述一系列步骤的操作，一根完整的连接三菱 PLC 与工业智能网关的通信电缆制作完成，制作完成的通信电缆如图 6-18 所示。

图 6-13 MD8 插头焊接部位套热缩管

图 6-14 MD8 插头配件安装顺序

图 6-15 制作完成的 MD8 插头

图 6-16 焊接电缆示例

图 6-17 DB9 插座安装外壳完成

图 6-18 制作完成的通信电缆

6.2.2 检测通信电缆

通信电缆制作完成后,为了确保制作的通信电缆能够正常通信,此时需要利用万用表来检测通信电缆的线序及通断。

1. 检测通信电缆需要的设备和工具

日常生活中可以用万用表测量线路的通断。万用表分为数字万用表和指针万用表,数字万用表如图 6-19 所示。万用表一般分为电压挡(交流 + 直流)、电流挡(交流 + 直流)和电阻挡。测量线路通断需要使用电阻挡,电阻挡选择如图 6-20 所示。

图 6-19 数字万用表

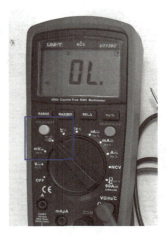

图 6-20 电阻挡选择

2. 通信电缆的检测

判断电缆是否导通的步骤操作如下:

1)首先保证接线正确,黑线插入 COM 插口,红线插入 V(Ω 或二极管接口)。数字万用表插入表针如图 6-21 所示。

2)功能挡位旋至蜂鸣挡,如图 6-22 所示。

3)红表笔或黑表笔分别连接要测量的电线两头。测试导线通断如图 6-23 所示。

如果电线是断开的,则液晶屏会显示"1",蜂鸣器不发出声音,表示电阻无穷大。

如果电线是连通的,则会有蜂鸣提示音,而且液晶屏会显示数字。利用上述方法,根据线序对应关系,可以检测制作的通信电缆是否连通。

6.2.3 连接通信电缆

步骤一:将测试通过的通信电缆 MD8 插头一侧接入实训台的三菱 PLC 信号输出接口。三菱 PLC 数据通信接口如图 6-24 所示。

图 6-21　数字万用表插入表针

图 6-22　功能挡位旋至蜂鸣挡

图 6-23　测试导线通断

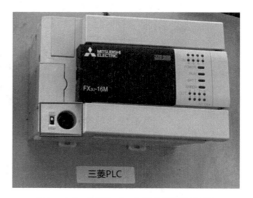

图 6-24　三菱 PLC 数据通信接口

步骤二：将通信电缆 DB9 插座一侧接入选定的工业智能网关 COM1 接口。工业智能网关 COM1 采集接口如图 6-25 所示。

步骤三：在通信电缆插入工业智能网关对应接口 COM1 后，将 PLC 模组和工业智能网关通电，查看是否连接成功并收集数据。

PLC 模组电源线接头有防反接设计，须对准凸起处进行电源安装，安装好后拧紧接口后端螺钉。PLC 模组电源接口如图 6-26 所示。

在三菱 PLC 数据采集实训中，三菱 PLC 与工业智能网关最终连接如图 6-27 所示。

工业智能网关 ERR 灯闪烁，说明通信电缆连接有问题，需检查通信电缆或连接接口。

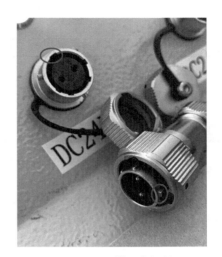

图 6-25　工业智能网关 COM1 采集接口　　图 6-26　PLC 模组电源接口

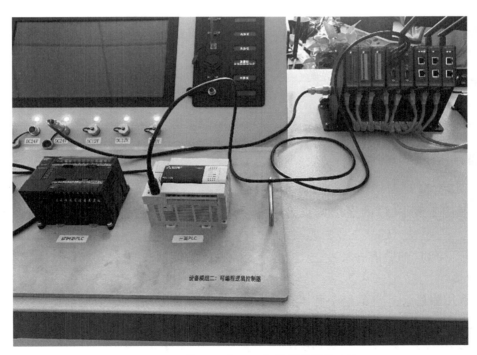

图 6-27　三菱 PLC 与工业智能网关最终连接

任务考核

连接三菱 PLC 与工业智能网关考核见表 6-8，结合小组的任务实施情况，对每名学生进行任务实施考核。考核过程参照工业互联网设备数据采集 1+X 职业技术等级证书制度试点要求，并将结果记录在表 6-8 中。学生进行互评，再请教师复评。通过任务实施评价，各小组之间、学生之间可以分享实施过程，相互借鉴经验。

表 6-8 连接三菱 PLC 与工业智能网关考核

班级：				姓名：		
小组：				学号：		
项目		要求		应得分	得分	备注
任务实施	制作通信电缆	熟知通信电缆的定义、熟练制作红黑线电缆	准确率	15		
			完整性	15		
	检测并连接通信电缆	学会接通电源，找到对应连线接口	准确率	15		
			完整性	15		
任务评价	小组互评	从信息获取、信息处理、分析归纳、工作态度、职业素养等方面进行评价		20		
	教师评价	从信息获取、信息处理、分析归纳、工作态度、职业素养等方面进行评价		20		
合计						
经验总结						

课后活动

一、填空题

1. 对应三菱 PLC 的通信接口为_____，因此需要制作的通信电缆接头应一端为_____（连接工业智能网关）、一端为_____（连接三菱 PLC）。

2. 三菱 PLC 的通信协议为_____，且与工业智能网关的接口共有 5 对线互相对应，分别为 1-8、_____、_____、5-5、7-4。

3. 万用表是_____的一个利器，日常生活中可以用万用表测量线路的_____，使用的是_____挡。

4. 万用表分为_____万用表和_____万用表。一般分为电压挡（交流＋直流）_____、_____。

二、问答题

简要阐述使用万用表测量通信电缆通断的步骤。

6.3 配置工业智能网关基本参数

任务描述

小刘知道，按照惯例工业智能网关与工业设备之间仅仅依靠物理连接是不行的，工业智能网关能够正确地采集数据还需要网关自身的参数设置及根据不同的采集目的选择不同的采集协议。

本任务需要了解工业智能网关管理端的登录方式，完成工业智能网关的基本参数配置。

学习目标

素质目标：

1）养成科学严谨的工作态度。

2）培养安全意识。

3）培养创新意识。

知识目标：

1）了解工业智能网关配置前准备工作的步骤。

2）了解工业智能网关配置界面的基本设置。

3）了解工业智能网关基本参数配置的步骤。

能力目标：

1）能够正确进行工业智能网关配置前准备工作。

2）登录/退出工业智能网关配置界面。

3）能够正确操作工业智能网关的系统设置。

任务实施

任务实施指引	本任务主要是了解工业智能网关的配置，工业智能网关的基本参数配置包括配置前的准备工作和基本参数配置两大步骤

创设情景

工业智能网关的基本参数配置包括配置前的准备工作和基本参数配置两大步骤。其中，基本参数配置又包含若干配置步骤，需要结合工业智能网关配置界面的结构来逐个配置。

6.3.1 工业智能网关配置前的准备工作

工业智能网关通电后，用网线连接工业智能网关的上传接口网口（Web 登录网口）与计算机网口，设置计算机的 IP 地址与网关在同一网段下，进行用户侧 IP 地址设置，即 192.168.1.100（具体步骤同第 3 章 3.3.2 节）。

6.3.2 通过 Web 浏览器登录工业智能网关配置界面

打开 Web 浏览器，在地址值栏中输入工业智能网关的默认地址（如果工业智能网关 IP 地址已修改，则输入修改后的实际 IP 地址）。

随堂笔记

6.3.3 认识工业智能网关的配置界面

工业智能网关配置界面的结构大体相同，但根据其型号、采集的设备及数据采集的需求略有不同。本任务以三菱 PLC 数据采集选用的工业智能网关的配置界面为例，详细介绍网络设置、数据采集和系统信息的相关内容。

工业智能网关的配置界面分为 5 个部分，分别是网络设置、MQTT、串口设置、数据采集和系统信息。工业智能网关的配置界面结构如图 6-28 所示。

MQTT 和串口设置的内容将在后续数据采集项目实施部分进行详细介绍。

1. 系统信息

在系统信息配置界面中，只有设备 ID 可以进行设置。

2. 网络设置

网络设置分为两个部分，左侧部分为数据上传接口设置，与计算机的 IP 地址处于同一网段；右侧部分为设备接口设置，与被采集设备处于同一网段。工业智能网关网络设置界面如图 6-29 所示。

3. 数据采集

数据采集主要包括三菱 PLC 的网关 ID 号、PLC ID 号、Modbus 映射区域、协议状态。这些内容大多已经固定或已由现场工程师提前提供，需要按照要求进行配置。工业智能网关数据采集界面如图 6-30 所示。

图 6-28　工业智能网关的配置界面结构

图 6-29　工业智能网关网络设置界面

图 6-30　工业智能网关数据采集界面

图 6-30 的右侧部分为三菱 PLC 私有协议说明，需要根据实际情况配置串口参数。详细的参数说明、配置方法将在下一个任务中学习。

随堂笔记

_____
_____
_____
_____
_____

任务考核

配置工业智能网关基本参数考核见表 6-9，结合小组的任务实施情况，对每名学生进行任务实施考核。考核过程参照工业互联网设备数据采集 1+X 职业技术等级证书制度试点要求，并将结果记录在表 6-9 中。学生进行互评，再请教师复评。通过任务实施评价，各小组之间、学生之间可以分享实施过程，相互借鉴经验。

表 6-9　配置工业智能网关基本参数考核

项目		要　求	应　得　分		得分	备注
任务实施	配置前准备工作	根据所学知识登录配置界面	准确率	20		
			速度	10		
	认识工业智能网关配置界面	熟知配置界面上每一条指标的含义和默认数值	准确率	15		
			完整性	15		
任务评价	小组互评	从信息获取、信息处理、分析归纳、工作态度、职业素养等方面进行评价	20			
	教师评价	从信息获取、信息处理、分析归纳、工作态度、职业素养等方面进行评价	20			
合计						
经验总结						

课后活动

一、填空题

1. 打开_____，在地址值栏中输入工业智能网关的默认地址可以修改工业智能网关参数。

2. 本任务以三菱 PLC 数据采集所选用的工业智能网关的配置界面为例，详细介绍_____和_____的相关内容。

3. 三菱 PLC 的私有通信协议的通信方式为_____，默认波特率为_____，默认校验位为 Even，默认数据位为 7，默认停止位为 1。

4. 本任务使用的实训台工业智能网关型号为_____，三菱 PLC 通信接口连接工业智能网关的_____。

二、问答题

简要阐述登录工业智能网关配置界面的步骤。

6.4　配置工业智能网关采集参数

任务描述

了解了工业智能网关的基本参数及界面登录方法后，接下来学习如何在工业智能网关中添加工业设备、修改与采集设备对应的配置参数，以及添加工业设备产生的工业数据。

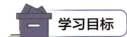

素质目标：
1）养成科学严谨的工作态度。
2）培养劳动精神。
3）培养团结意识。

知识目标：
1）了解工业智能网关网络设置的步骤。
2）了解工业智能网关数据采集设置的步骤。

能力目标：
1）能够正确登录工业智能网关配置界面。
2）能够正确在 Web 浏览器界面配置三菱 PLC 设备采集参数。
3）能够了解工业智能网关配置参数的意义。

6.4.1 工业智能网关的系统信息配置

在工业智能网关系统信息配置界面中，只有设备 ID 可以进行设置。通常不做修改，但是如果现场设备繁多、种类复杂，需要进行规范化管理，则建议对工业智能网关进行规律化、规范化命名（即名称只能由数字、大小写字母及下划线构成）。

6.4.2 工业智能网关的网络配置

ETH2 以太网口为数据接口，与计算机端连接。其 IP 地址可进行重新配置，但是需要注意，应与计算机的网络配置在同一网段，但不相同。子网掩码、网关、DNS 按网络要求进行设置，默认为 255.255.255.0、192.168.1.251、8.8.8.8。其余参数，如 Modbus 映射区域默认值为 1，不可随意改动。

 随堂笔记

6.4.3 工业智能网关的数据采集配置

使用工业智能网关的 COM1 与三菱 PLC 进行通信，还需要配置工业智能网关的串口 COM1。串口设置界面见图 6-30。

C0M1 通信端口与三菱 PLC 的通信需要根据三菱 PLC 的私有通信协议进行设置。

三菱 PLC 的私有通信协议的通信模式为 RS422，波特率为 9600bit/s，校验位为偶校验（Even），数据长度为 7，停止位为 1。

随堂笔记

任务考核

设置工业智能网关采集参数考核见表 6-10，结合小组的任务实施情况，对每名学生进行任务实施考核。考核过程参照工业互联网设备数据采集 1+X 职业技术等级证书制度试点要求，并将结果记录在表 6-10 中。学生进行互评，再请教师复评。通过任务实施评价，各小组之间、学生之间可以分享实施过程，相互借鉴经验。

表 6-10 设置工业智能网关采集参数考核

班级：			姓名：			
小组：			学号：			
项　目		要　求	应　得　分		得分	备注
任务实施	登录工业智能网关配置界面	能熟练登录工业智能网关配置界面	准确率	10		
			速度	5		
	进行系统信息配置和网络配置	注意命名规范，并完成网络配置	准确率	15		
			完整性	10		
	数据采集配置	填写正确的采集量程	准确率	20		
任务评价	小组互评	从信息获取、信息处理、分析归纳、工作态度、职业素养等方面进行评价	20			
	教师评价	从信息获取、信息处理、分析归纳、工作态度、职业素养等方面进行评价	20			
合计						
经验总结						

课后活动

一、填空题

1. 工业智能网关系统信息配置界面中，只有_____可以进行设置，命名只能由_____、_____及下划线构成。

2. 工业智能网关的_____通信端口与三菱 PLC 的通信需要根据三菱 PLC 的私有通信协议进行设置。

3. 工业智能网关配置界面中的数据采集配置主要包括_____、_____、Modbus 映射区域，这 3 个部分是需要设置的。

二、问答题

简要阐述采集三菱 PLC 数据时工业智能网关的配置步骤。

6.5 测试工业互联网设备数据采集系统

 任务描述

经过网关选型、通信电缆制作/网关连接、参数配置/设置等一系列过程后，接下来开始完整地测试工业互联网设备数据采集系统。

学习目标

素质目标：

1）养成科学严谨的工作态度。

2）培养劳动精神。

3）培养团结意识。

知识目标：

1）了解工业智能网关网络连接状态的检测方法。

2）了解常用网络工具的使用方法。

3）了解常用分析软件的使用方法。

能力目标：

1）能够通过计算机正确检测网关设备的网络连接状态。

2）能够使用常用分析软件判断数据的准确性。

3）能够正确判断网关设备与三菱 PLC 之间的网络通信数据。

6.5.1 测试网络连通性

通过 ping 命令查看 PC 端与工业智能网关的网络连通性。

  随堂笔记

_____
_____
_____
_____
_____

6.5.2 测试数据采集的准确性

1. 使用 Modbus Poll 与工业智能网关连接

在 PC 端打开 Modbus Poll 客户端，单击"Connection"→"Connect"命令，在"Connection Setup"界面选择"Modbus TCP/IP"，输入网关 Web 登录 IP"192.168.1.205"和 Modbus 端口号"502"，然后单击"OK"按钮。

Modbus Poll 连接工业智能网关错误显示见图 5-27。如果配置界面出现"Connect Timeout"，则说明通信没有连接上，可能是连接参数选择错误，或者是设备 ID（通信接口）错误。参数设置完成后，开始正式调试。

2. 使用 Modbus Poll 查询数据

Modbus Poll 与工业智能网关连接正确后，三菱 PLC 的数据可以通过 Modbus Poll 界面查看。先通过信息发生器模拟输入端，给输入端加载 12V 直流电压模拟设备运行。输入端 X0~X7 分别对应指示灯 0~7。当 X0~X7 有电压输入时，对应指示灯点亮，三菱 PLC 输入端子及指示灯如图 6-31 所示。

图 6-31 三菱 PLC 输入端子及指示灯

当X5输入端子加载电压时,对应5号指示灯点亮,读取输入寄存器数据操作如图6-32所示。

图6-32 读取输入寄存器数据操作

通过 Modbus Poll 查看寄存器数据,单击"Setup"→"Read/Write Definition",选择02 指令,设置 Address 为"0"。选择查看指令如图6-33所示。

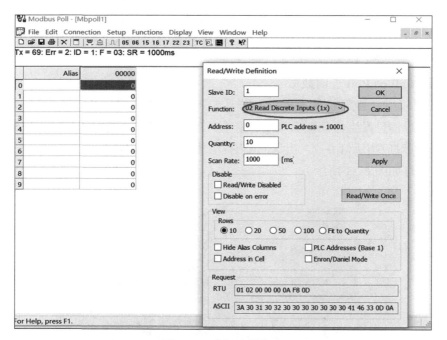

图6-33 选择查看指令

当 X0~X7 输入端子有 12V 直流电压输入时,对应指示灯点亮,对应的寄存器数据变为 1,采集 X5 输入状态如图6-34所示。

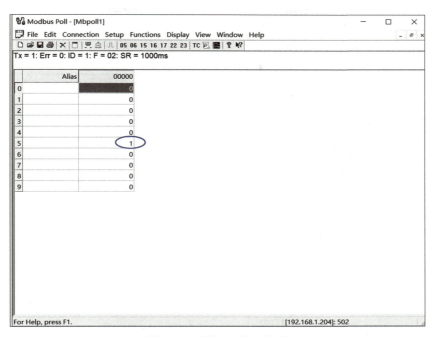

图 6-34 采集 X5 输入状态

6.5.3 测试数据采集的实时性

通过修改 PLC 输出 I/O 寄存器的数据,可查看 PLC 输出 I/O 口的状态,Modbus Poll 实时读取输出寄存器数据,可以验证数据在采集过程中的实时性。具体方法如下。

首先修改 Modbus Poll 配置,实时读取输出寄存器数据。配置 Modbus Poll 读取寄存器数据如图 6-35 所示。

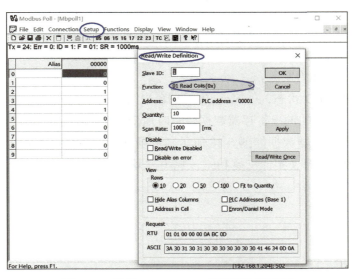

图 6-35 配置 Modbus Poll 读取寄存器数据

然后选择 Modbus Poll 菜单栏"Functions"中的 05 指令（Write Single Coil），如图 6-36 所示。

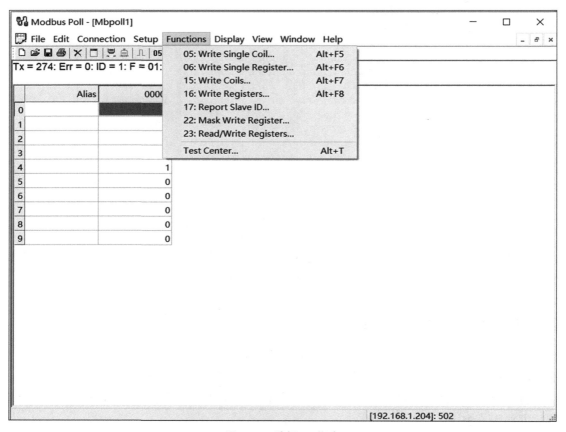

图 6-36　选择 05 指令

"Write Single Coil"对话框如图 6-37 所示，Slave ID 为工业智能网关 Modbus 地址；Address 为寄存器地址对应输出 I/O，可选择 0~7 寄存器地址；Value 为输出状态，选择"On"或"Off"；Send 为发送。

设置需要输出的 I/O 状态，如 Slave ID 选择"1"，Value 选择"On"，单击"Send"按钮，工业智能网关采集的输出寄存器数据会实时地变为 1，对应的 1 号指示灯点亮。工业智能网关采集输出寄存器数据如图 6-38 所示，三菱 PLC 输出指示灯状态如图 6-39 所示。其他输出寄存器数据同理（实训三菱 PLC 支持 0~7 输出）。

第 6 章 采集三菱 PLC 数据

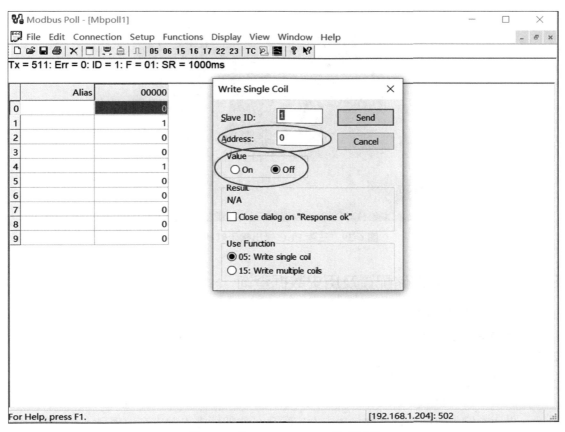

图 6-37 "Write Single Coil" 对话框

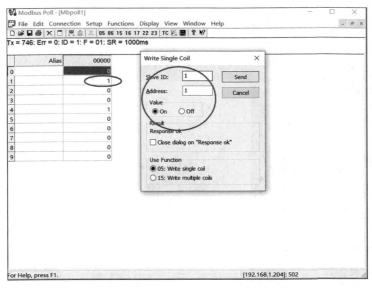

图 6-38 工业智能网关采集输出寄存器数据

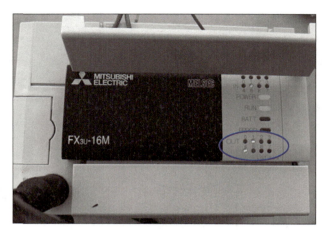

图 6-39 三菱 PLC 输出指示灯状态

6.5.4 采集数据存储配置及历史数据查询

1. 登录工业互联网设备数据采集系统

打开 Web 浏览器输入"http：//localhost：8081"，进入工业互联网设备数据采集系统界面，登录。

2. 进入对应任务——采集三菱 PLC 数据项目

单击工业互联网设备数据采集系统左侧"三菱 PLC"项目，进入采集三菱 PLC 数据界面。界面左侧为实训项目名称，单击对应项目名称即可进入对应实训项目，右侧为采集配置区及采集数据展示区。采集三菱 PLC 数据界面如图 6-40 所示。

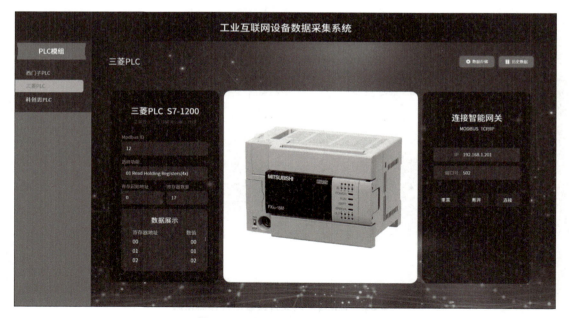

图 6-40 采集三菱 PLC 数据界面

3. 存盘间隔时间设置

在采集三菱 PLC 数据界面，可以根据所采集的设备数据需求，设置存盘间隔时间（即采样周期），通过单击图 6-40 界面右上方的"数据存储"按钮，进入采集数据存储设置界面，在此界面可以设置存盘间隔时间和是否存盘。采集三菱 PLC 数据存储设置界面如图 6-41 所示。

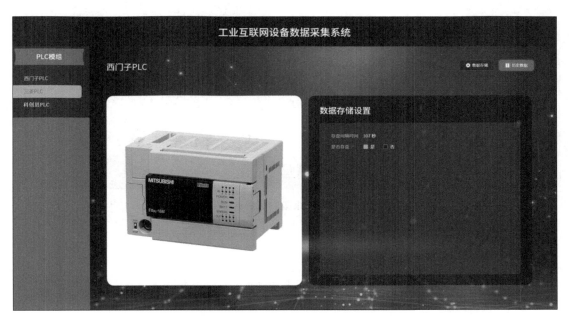

图 6-41　采集三菱 PLC 数据存储设置界面

第 1 章列举了常见的采样周期，参考表 1-8，填写正确的三菱 PLC 采样周期。

4. 历史数据查询及导出

如果选择了存储采集数据，那么可以随时查询历史数据。单击图 6-41 界面右上方的"历史数据"按钮，进入相对应界面选择查询的时间段，单击"查询"按钮，右侧列表显示查询结果。查看采集的历史数据界面如图 6-42 所示。

单击图 6-42 界面的"导出"按钮，导出所查询的历史数据，以 Excel 方式保存，查询结果数据导出如图 6-43 所示。

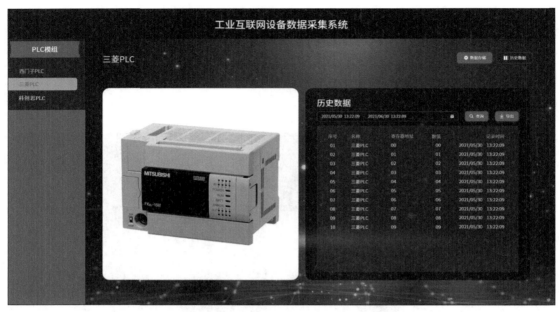

图 6-42 查看采集的历史数据界面

图 6-43 查询结果数据导出

 计划决策

测试工业互联网设备数据采集系统分工明细见表 6-11。为了保证任务的顺利实施,应先制定相应的计划。根据任务内容,各小组做好计划,分工到每个组员,然后按照小组决策将本组的工作计划填入表 6-11。

表 6-11 测试工业互联网设备数据采集系统分工明细

序 号	任 务 分 工	操 作 人 员	注 意 事 项
1	查看三菱 PLC 数据类型，选择对应的工业智能网关		
2	连接三菱 PLC 及工业智能网关采集接口		
3	配置工业智能网关参数信息		
4	测试工业智能网关与 PC 端的网络连通性		
5	测试工业智能网关数据通信的准确性		
6	测试工业智能网关数据通信的实时性		
7	测试工业智能网关数据通信的稳定性		
8	填写通用设备数据采集测试报告		

任务考核

测试工业互联网设备数据采集系统作业考核见表 6-12，对每名学生进行任务实施考核。考核过程参照工业互联网设备数据采集 1+X 职业技能等级证书制度试点要求，并将结果填入表 6-12。学生进行互评，再请教师复评。

表 6-12 测试工业互联网设备数据采集系统作业考核

班级：				姓名：			
小组：				学号：			
项 目		要 求		应 得 分		得 分	备 注
任务实施	分析工业智能网关的网络连接状态	能够通过计算机正确检测工业智能网关的网络连接状态，能够分析工业智能网关的网络连接质量		准确率	20		
				速度	10		
	判断工业智能网关与三菱 PLC 之间数据情况	能够正确判断工业智能网关与 PC 端的网络通信数据，能够正确判断工业智能网关与三菱 PLC 之间数据采集的准确性，能够正确判断工业智能网关与三菱 PLC 之间数据采集的实时性		准确率	15		
				完整性	15		
任务评价	小组互评	从信息获取、信息处理、分析归纳、工作态度、职业素养等方面进行评价		20			
	教师评价	从信息获取、信息处理、分析归纳、工作态度、职业素养等方面进行评价		20			
合计							
经验总结							

任务实施评价和任务实施处理见 3.5 节。

课后活动

一、填空题

1. ping 命令可以测试_____与_____的连通性。

2. 以检测 192.168.1.100 为例，ping 命令格式为_____。

3. Modbus Poll 与工业智能网关通信协议为_____。

4. Modbus Poll 与工业智能网关通信协议连接时，如果出现_____，说明通信没有连接上，可能是_____选择错误，或者是_____错误。

5. 通过 Modbus Poll 查看输入寄存器时，选择_____指令，输入寄存器起始 Address 为_____。

二、问答题

简要阐述 Modbus Poll 测试采集数据实时性的方法。

6.6 采集其他 PLC 数据

 任务描述

第 5 章学习了使用工业智能网关采集西门子 PLC 数据的方式、方法，第 6 章的前 5 个任务又学习了使用工业智能网关采集三菱 PLC 数据的方法，现在对于复杂的数据采集系统已具备了比较丰富的实训经验，熟悉了数据采集的网关选型、网关与工业设备的连接方式选取，以及工业互联网数据采集系统测试等工业设备数据采集的一整套流程。

本次任务需要完整地采集其他 PLC 数据。

学习目标

素质目标：

1）养成科学严谨的工作态度。

2）培养劳动精神。

3）培养科技报国情怀。

知识目标：

1）认识科创思 PLC 及其主要技术参数。

2）熟悉通信电缆制作和检测过程中需要使用的工具。

3）熟悉工业智能网关的基本参数设置步骤。

4）熟悉工业智能网关的采集参数设置步骤。

5)测试工业互联网设备的数据采集系统。

能力目标：

1)能够正确识别科创思 PLC。

2)能够正确制作、检测、连接通信电缆。

3)能够正确配置工业智能网关的基本参数。

4)能够正确设置工业智能网关的采集参数。

5)能够正确测试工业互联网设备的数据采集系统。

6.6.1 选择工业智能网关

1. 认识科创思 PLC

科创思（CO-TRUST）是深圳合信自动化技术有限公司 PLC 产品线的品牌。科创思 PLC 在国产小型 PLC 中处于领先地位。

科创思 PLC 主要有两个系列，即高性能的 200 系列和经济型的 100 系列。

科创思 PLC 是一种功能完善的紧凑型 PLC，能为业界企业提供高附加值机器控制；具有通过各种高级内装板进行升级的能力，大程序容量和存储器单元，以及 Windows 环境下高效的软件开发能力。本任务选用的设备型号为 CTSC-200，该设备具有经济、易用和高效等特点。科创思 CTSC-200 型 PLC 外观如图 6-44 所示，科创思 CTSC-200 型 PLC 通信接口如图 6-45 所示。

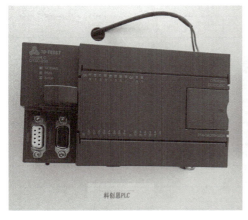

图 6-44 科创思 CTSC-200 型 PLC 外观

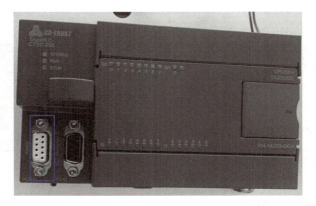

图 6-45 科创思 CTSC-200 型 PLC 通信接口

2. 科创思 PLC 的主要信息

（1）基本信息

本任务中，设备的基本信息见表 6-13。

工业数据采集

表 6-13 设备的基本信息

设 备 类 型	设 备 名 称	生 产 厂 家	设 备 型 号	设备数量/台	备 注
PLC	科创思 PLC	深圳合信自动化技术有限公司	CTSC-200	1	

（2）设备信息

科创思 PLC 设备信息见表 6-14。

表 6-14 科创思 PLC 设备信息

物理特性	
尺寸（宽×高×深）	137mm×80mm×62mm
功耗	7W
存储器特性	
程序存储器	基本 12KB，可扩展至 16KB
数据存储器	基本 8KB，可扩展至 108KB
常规特性	
模拟电位器	2 个 8 位分辨率
电源供应 5V/24V	660mA/280mA
集成的通信功能	
通信接口	2 个逻辑口，PORT0：PPI，RS485 电平；FPROT：自由通信口，RS485 和 RS232 两种电平
PPI 波特率	96kbit/s、19.2kbit/s 和 187.5kbit/s
自由口波特率	1.2~115.2kbit/s
I/O 特性	
本机数字量输入点数	14
输入类型	漏型/源型
本机数字量输出点数	10
输出类型	固态—MOSFET
数字 I/O 映象区	256（128 输入/128 输出）
模拟 I/O 映象区	64（32 输入/32 输出）
脉冲捕捉输入	14
脉冲输出	2×20kHz
数字量输入特性	
本机集成数字量输入点数	14
输入类型	漏型/源型（IEC 类型 1/漏型）
额定电压	DC 24V
最大持续允许电压	DC 30V

(续)

数字量输出特性	
本机集成数字量输出点数	10
输出类型	固态—MOSFET（源型）
额定电压	DC 24V
输出电压范围	DC 20.4~28.8V
灯负载（最大）	5W
接通电阻（接点）	典型值 0.3Ω，最大值 0.6Ω
脉冲频率（最大）	20kHz（Q0.0 和 Q0.1）
同时接通的输出	10Ω

重点收集工业智能网关选择过程中需要的参数，科创思 CTSC-200 型 PLC 设备参数见表 6-15。

表 6-15 科创思 CTSC-200 型 PLC 设备参数

序 号	设备参数	技 术 指 标
1	电源电压	DC 24V
2	接口个数	2 个逻辑口 PORTO：PPI，RS485 电平 FPROT：自由通信口，RS485 和 RS232 两种电平
3	接口类型	DB9 插座
4	通信协议	PPI 协议

3. 选择工业智能网关

设备信息和参数信息收集完成后，还需要关注更多的信息，以最终达成工业智能网关选型的任务目标。采集科创思 PLC 数据评估见表 6-16。

表 6-16 采集科创思 PLC 数据评估

班级：			姓名：	
小组：			学号：	
名 称		内 容		备注
采集 PLC 数据	数据存储位置			
	PLC 数据端口			
	PLC 数据输出方式			
	数据采集连接方式			
选型网关	工业智能网关型号			
	工业智能网关采集接口			
	采集数据上传协议			
总结				

> **知识链接**
>
> 第 3 章 3.1 节完整且详细地介绍了实训中工业智能网关的选型标准，这里不再赘述。

6.6.2 通信电缆的制作

1. 通信电缆的制作准备

（1）网关与 PLC 连接的接口和线序

本任务中，对应科创思 PLC 的接口为 DB9 插座，因此需要制作的通信电缆接头应一端为 DB9 插座（连接工业智能网关），另一端为 DB9 插头（连接科创思 PLC）。带壳 DB9 插座如图 6-46 所示，带壳 DB9 插头如图 6-47 所示。

图 6-46　带壳 DB9 插座

图 6-47　带壳 DB9 插头

使用科创思 PLC 的 PORT0 通信接口类型为 RS485，通信协议为 PPI，且与工业智能网关共有 3 对线互相对应，分别为 8-3、3-8、5-5。科创思 PLC 与工业智能网关对应线序如图 6-48 所示。

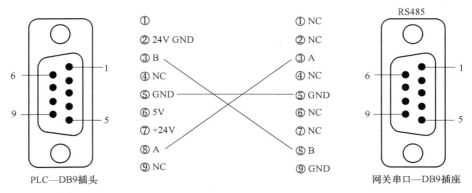

图 6-48　科创思 PLC 与工业智能网关对应线序

（2）工具和耗材准备

因为科创思 PLC 和工业智能网关共有 3 对线互相对应，所以应选择至少 3 芯以上的通信电缆进行制作。

需准备的工具和耗材有 3 芯（以上）通信电缆 1.5m、DB9 插头 1 个、DB9 插座 1 个、剥线钳 1 把、电烙铁 1 把、万用表 1 台。

需要制作一条通信电缆连接科创思 PLC 的接口（DB9 插头）与工业智能网关接口（DB9 插座）。

2. 通信电缆的制作步骤

（1）制作工业智能网关 DB9 插座接口

步骤一：用剥线钳将通信电缆外皮剥掉 1~2cm，并将 3 根线芯分别剥掉 0.5cm 的外皮。如果有屏蔽层和多余的线芯，则一并剪掉。

步骤二：工业智能网关 DB9 插座使用了 3、5、8 号线芯，使用电烙铁焊接电缆。

步骤三：扣上 DB9 外壳，工业智能网关 DB9 插座接口制作完成。

（2）制作科创思 PLC 端 DB9 插头接口

步骤一：用剥线钳将通信电缆外皮剥掉 1~2cm，并将 3 根线芯分别剥掉 0.5cm 的外皮。如果有屏蔽层和多余的线芯，则一并剪掉。

步骤二：科创思 PLC 端 DB9 插头使用了 3、5、8 号线芯，分别对应工业智能网关 DB9 插座的 8、5、3 号线芯，使用电烙铁焊接电缆。

步骤三：扣上 DB9 外壳，科创思 PLC 端 DB9 插头接口制作完成。

经过以上操作，一条完整的科创思 PLC 与工业智能网关的通信电缆制作完成。

6.6.3　通信电缆的检测与连接

1. 通信电缆的检测

根据本章检测电缆通断的方式，测试本次制作的通信电缆。

知识链接

本章 6.2 节完整且详细地介绍了测量通信电缆通断的方式,这里不再赘述。

2. 通信电缆的连接

步骤一:将通过检测的电缆一端(DB9 插头)接入实训台的科创思 PLC 信号输出接口。连接科创思 PLC 如图 6-49 所示。

步骤二:将电缆的另一端(DB9 插座)接入选定的工业智能网关 COM1 接口。连接工业智能网关 COM1 接口如图 6-50 所示。

步骤三:通信电缆插入工业智能网关对应端口 COM1 后,将科创思 PLC 和工业智能网关通电,查看两者是否连接成功并收集数据。

科创思 PLC 电源线接头有防反接设计,需对准凸起处进行电源安装,安装好后需拧紧接口后端螺钉。科创思 PLC 电源接口如图 6-51 所示。

图 6-49 连接科创思 PLC

图 6-50 连接工业智能网关 COM1 接口

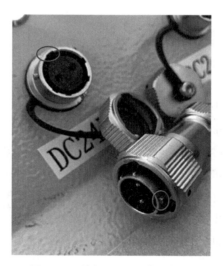

图 6-51 科创思 PLC 电源接口

工业智能网关 ERR 灯闪烁,说明电缆连接有问题,需检查电缆或连接接口。科创思 PLC 与工业智能网关最终连接如图 6-52 所示。

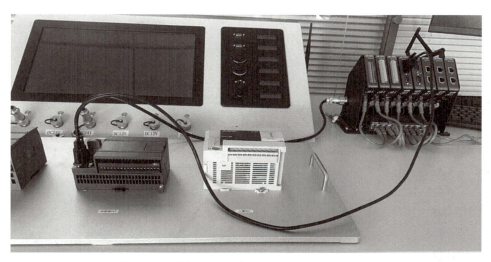

图 6-52 科创思 PLC 与工业智能网关最终连接

_____
_____
_____
_____
_____

6.6.4 工业智能网关的参数配置

1. 配置前的准备工作

工业智能网关通电后，用网线连接工业智能网关的上传接口网口（Web 登录网口）与计算机网口，设置计算机的 IP 地址与工业智能网关在同一网段下（同第 3 章 3.3.2 小节步骤）。

2. 工业智能网关的系统信息配置

在系统信息配置界面中，只有设备 ID 可以进行设置，通常不用修改，但是如果工业现场设备繁多、种类复杂，需要进行规范化管理时，建议对工业智能网关进行规律化、规范化命名（名称只能由数字、大小写字母及下划线构成）。

工业智能网关系统信息配置如图 6-53 所示。

3. 工业智能网关的网络配置

ETH2 以太网口为数据接口，与 PC 端连接。其 IP 地址可进行重新配置，但需要注意的是，应与计算机的网络配置在同一网段，但不相同。子网掩码、网关、DNS 按网络要求设置，默认为 255.255.255.0、192.168.1.251、8.8.8.8。其余参数，如 Modbus ID 默认值为 1，不可随意改动。工业智能网关的网络设置界面如图 6-54 所示。

图 6-53 工业智能网关系统信息配置

图 6-54 工业智能网关的网络设置界面

4. 工业智能网关的数据采集配置

工业智能网关的数据采集配置界面如图 6-55 所示。

图 6-55　工业智能网关的数据采集配置界面

（1）网关 ID 号

数据采集配置界面中，网关 ID 号输入为"0"。

（2）PLC ID 号

数据采集配置界面中，PLC ID 号输入为"2"。

（3）Modbus 映射区域

Modbus 映射区域映射了科创思 PLC 的 DB 数据块，Modbus 映射区域填写"1"，即对应数据块。

5. 工业智能网关的串口配置

使用工业智能网关的 COM1 与科创思 PLC 通信，还需要配置工业智能网关的串口 COM1，串口配置界面如图 6-56 所示。

若 COM1 串口通信端口要与科创思 PLC 通信，则还需要设置科创思 PLC 通信协议。科创思 PLC 通信协议的通信模式为 RS485，波特率为 9600bit/s，无校验位，数据长度为 8，停止位为 1。

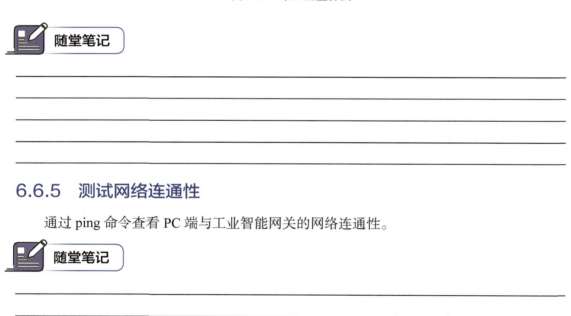

图 6-56 串口配置界面

6.6.5 测试网络连通性

通过 ping 命令查看 PC 端与工业智能网关的网络连通性。

6.6.6 测试数据采集的准确性

1. 使用 Modbus Poll 与工业智能网关连接

在 PC 端打开 Modbus Poll 客户端,单击 "Connection" → "Connect" 命令,在 "Connection Setup" 界面选择 "Modbus TCP/IP",输入网关 Web 登录 IP 地址 "192.168.1.205" 及 Modbus

端口号"502",然后单击"OK"按钮。Modbus Poll 连接工业智能网关的错误显示见图 5-27 所示。如果界面出现"Connect Timeout",则说明通信没有连接上,可能是连接参数错误,或是设备 ID(通信接口)错误。

使用 Modbus Poll 设置寄存器,寄存器设置如图 6-57 所示。Slave ID 为设备 ID(通信接口),可根据自己的通信对象选择;Function 为功能,常用功能 03 是对单个寄存器进行赋值,功能 04 是对寄存器进行参数读取;Address 为寄存器起始位置;Quantity 为从起始位置到后面的数量,可以自行选择;Scan Rate 为通信时间;Rows 为软件界面的寄存器有多少行;PLC Addresses(Base 1)指寄存器地址计数从 1 开始,也就是说,Address 最小只能设置为 1,不能设置为 0。

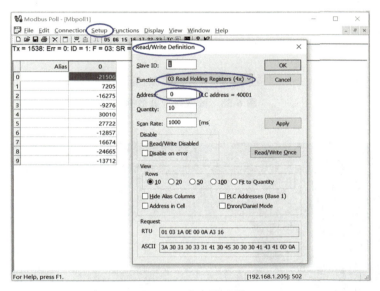

图 6-57 寄存器设置

全部设置完成后,开始正式调试。

2. 测试网关数据采集的准确性

Modbus Poll 与工业智能网关连接后,便可获取科创思 PLC 预置数据块的数据,可以通过 Modbus Poll 界面进行查看。读取寄存器数据如图 6-58 所示。

6.6.7 采集数据存储配置及历史数据查询

1. 登录 Web 客户端

进入 Web 客户端界面,登录工业互联网设备数据采集系统。

2. 进入对应任务——采集科创思 PLC 项目

采集科创思 PLC 数据初始界面如图 6-59 所示。单击左侧"科创思 PLC"项目,进入采集科创思 PLC 数据界面,界面左侧为实训项目名称,单击对应项目名称可进入相应的实训项目,界面右侧为采集配置区及采集数据展示区。

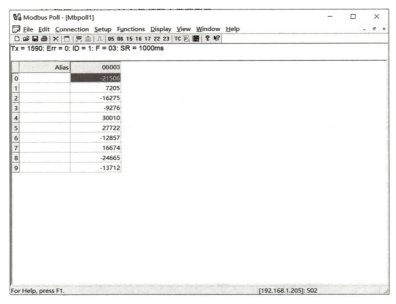

图 6-58　读取寄存器数据

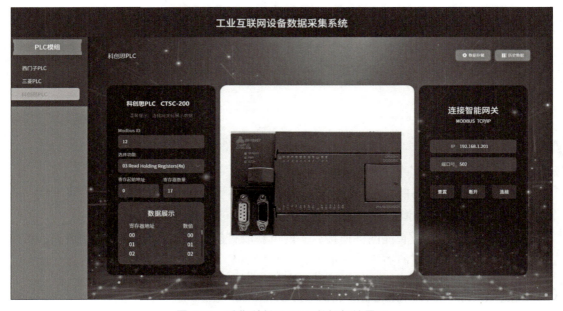

图 6-59　采集科创思 PLC 数据初始界面

3. 存盘时间设置

可以根据所采集的设备数据需求设置存盘时间间隔（即采样周期），单击图 6-59 右上方的"数据存储"按钮，进入存储设置界面。采集数据存储设置如图 6-60 所示，可以设置存盘时间间隔和是否保存数据。

图 6-60 采集数据存储设置

 知识链接

第 1 章列出了常见的采样周期，参考表 1-8，填写正确的科创思 PLC 采样周期。

4. 历史数据查询及导出

如果选择了存储采集数据，那么可以通过数据查询功能查看历史数据。单击图 6-60 右上方的"历史数据"按钮，进入相对应的界面选择查询时间段，单击"查询"按钮，右侧列表显示查询结果。查看采集的历史数据界面如图 6-61 所示。

图 6-61 查看采集的历史数据界面

通过"导出"按钮导出所查询的历史数据，以 Excel 表格形式保存。导出所查询的历史数据如图 6-62 所示。

图 6-62　导出所查询的历史数据

计划决策

采集其他 PLC 数据分工明细见表 6-17。为了保证任务的顺利实施，应该先制定相应的计划。根据任务内容，分工到每个组员，然后按照小组决策将本组的工作计划填入表 6-17。

表 6-17　采集其他 PLC 数据分工明细

序　号	任 务 分 工	操 作 人 员	注意事项
1	查看 PLC 数据类型，选择对应的工业智能网关		
2	连接 PLC 及工业智能网关采集接口		
3	配置工业智能网关参数信息		
4	测试工业智能网关与 PC 端的网络连通性		
5	测试工业智能网关数据通信的准确性		
6	填写通用设备数据采集测试报告		

采集其他 PLC 数据作业检查明细见表 6-18。以小组为单位，组内学员每两人一组互换任务单，查看已收集到的设备和数据信息是否全面、准确，检查最终选择的工业智能网关型号是否合理，并将检查结果记录在表 6-18 中。

表 6-18 采集其他 PLC 数据作业检查明细

班级：			姓名：	
小组：			学号：	

序 号	检 查 项 目	是	否	分值
1	能否正确、全面收集设备的信息			20
2	能否正确制作、检测和连接通信电缆			10
3	能否正确设置工业智能网关的基本参数			20
4	能否正确配置工业智能网关的采集参数			30
5	能否正确采集寄存器数据			20
	合计			

任务考核

采集其他 PLC 数据考核见表 6-19，结合小组的任务实施情况，对每名学生进行任务实施考核。考核过程参照工业互联网设备数据采集 1+X 职业技能等级证书制度试点要求，并将结果记录在表 6-19 中。学生进行互评，再请教师复评。通过任务实施评价，各小组之间、学生之间可以通过分享实施过程，相互借鉴经验。

表 6-19 采集其他 PLC 数据考核

班级：			姓名：		
小组：			学号：		

项 目		要 求	应 得 分	得分	备注
任务实施	网关选型	熟知科创思 PLC 的定义，根据关键参数选择正确的工业智能网关	准确率	10	
	电缆制作	根据输出方式完成通信电缆的制作与连接	正确率	10	
	基本参数设置	完成工业智能网关的基本配置操作	完整性	10	
	采集参数设置	进行工业智能网关系统、网络、数据采集配置	准确率	10	
	测试工业互联网数据采集系统	测试网络连通性	正确率	10	
		测试网络传输准确性	正确率	10	
任务评价	小组互评	从信息获取、信息处理、分析归纳、工作态度、职业素养等方面进行评价	20		
	教师评价	从信息获取、信息处理、分析归纳、工作态度、职业素养等方面进行评价	20		
		合计			
	经验总结				

任务实施评价和任务实施处理见 3.5 节。

课后活动

一、填空题

1. 本任务所选择的设备型号为 CTS7-200，具有_____、_____和_____等特点。

2. 本任务中，对应科创思 PLC 的接口为_____头，因此需要制作的通信电缆接头应一端为_____头（连接工业智能网关）、一端为_____头（连接科创思 PLC）。

3. 科创思 PLC 与工业智能网关通信电缆共有 3 对线互相对应，分别为_____、_____、9-5；同时，由于科创思 PLC 的特殊性，其自身接口引脚_____需要进行短接。

4. 本任务采用的科创思 PLC 的通信协议为_____，接口类型为_____。

5. 根据本任务描述所选择的智能网关型号是_____，采集科创思 PLC 使用的端口是_____。

6. 智能网关_____灯闪烁，说明电缆连接有问题，需检查电缆或连接接口。

二、问答题

1. 简要阐述制作通信电缆的步骤及测试方法。
2. 简要阐述采集 PLC 设备数据的步骤及注意事项。

第 7 章
工业互联网设备数据采集系统的故障处理

结合实际工业环境复杂场景,以及操作过程中遇到的各类问题,本章将围绕实训过程中的故障处理展开说明。

7.1 工业互联网设备数据采集系统常见故障分类

 任务描述

工业设备数据采集常见故障分类

不知不觉中,小刘结束了长达半年的实习生涯,这半年来小刘跟张工程师学习了很多知识和技能,这些内容是他在学校学习中从未接触过的。

"张工程师,很感谢这半年里您对我的栽培与指导,我从一个职场新人,成功晋升为初级工业互联网设备数据采集工程师。"张工程师点点头:"你的成功源于你自身的努力,我只是把你领进了门,今天,我还要再传授给你一些工作方法,方便以后工作的开展。"

 学习目标

素质目标:
1)培养自强不息的意识。
2)体验思考的成就感,树立热爱思考的意识。

知识目标:
1)理解故障部件的种类。
2)理解故障性质的分类。
3)理解故障原因的类型。

能力目标：

1）能够说出故障的概念。

2）能够说出故障部件的种类。

3）能够说出故障性质的分类。

4）能够识别造成故障的原因。

任务实施指引	在教师的安排下，各学习小组先借助网络查阅工业互联网设备数据采集系统常见故障及处理方法的相关知识，根据任务学习要求进行讨论，最后教师进行讲解补充。通过启发式教学法激发学生的学习兴趣与学习主动性，使学生完成处理工业互联网数据采集常见故障的学习目标

本实训内容从故障理论讲起，通过实训台模拟各种工业互联网设备数据采集系统的故障现象，帮助学生了解常见的故障现象及处理方法。

故障是系统不能执行规定功能的状态。通常而言，故障是指系统中部分元器件或功能失效而导致整个系统功能出现问题的事件。

工业互联网设备的复杂程度不同，数据采集系统故障发生的原因不同，这给故障的诊断和排除带来不少的困难。为了便于故障分析和处理，下面按发生故障的部件、故障性质及故障原因等对常见故障进行分类。

7.1.1 按数据采集系统发生故障的部件分类

按发生故障的部件不同，数据采集系统故障可分为工业互联网设备故障和电气故障。

1. 工业互联网设备故障

工业智能网关与被采集设备是独立的系统，工业互联网设备不能正常运行，会导致数据采集出错，或不能采集数据，因此被采集设备的稳定运行至关重要。

工业互联网设备故障一般具有 5 个基本特征：层次性、传播性、放射性、延时性、不确定性。

（1）层次性

复杂的设备可划分为系统、子系统、部件、元件，表现出一定的层次性，与之相关联，设备的故障也具有层次性的特征，即设备的故障可能出现在系统、子系统、部件、元件等不同的层次上。

（2）传播性

元件的故障会引起部件的故障，部件的故障会引起系统的故障，故障会沿着"部件—子系统—系统"的路径传播。

(3)放射性

某一部件的故障可能会引起与之相关联的部件发生故障。

(4)延时性

设备故障的发生、发展和传播有一定的时间过程,设备故障的延时性特征为故障的前期预测和预报提供了条件。

(5)不确定性

设备故障的发生具有随机性、模糊性、不可确知性。

2. 电气故障

电气故障可分为弱电故障与强电故障。若 ERR 灯(故障指示灯)常亮,则需要停机检修,ERR 灯如图 7-1 所示。

弱电故障主要指工业智能网关等电子电路发生的故障。它又可分为硬件故障与软件故障。硬件故障指上述装置的集成电路芯片、分立元件、接插件以及外部连接组件等发生的故障;软件故障指采集程序出错、系统程序和采集参数改变或丢失等。

强电故障指继电器、接触器、开关、熔断器、电源变压器等元器件,以及由其所组成的电路所发生的故障。这部分故障十分常见,必须引起重视。

图 7-1 ERR 灯

  随堂笔记

_____
_____
_____
_____

7.1.2 按数据采集系统发生故障的性质分类

按发生故障的性质不同,数据采集系统故障可分为系统性故障和随机性故障。线路连线部分示意如图 7-2 所示。

1. 系统性故障

系统性故障是指只要满足一定的条件或超过某一设定,工作中的数据采集系统必然会发生的故障,这一类故障现象极为常见。因此,正确使用数据采集系统是杜绝或避免这类系统性故障出现的切实保障。

2. 随机性故障

随机性故障是指数据采集系统在正常工作时偶然

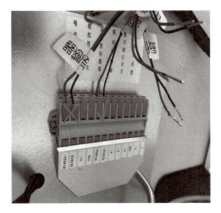

图 7-2 线路连线部分示意

发生的一次或两次故障。由于随机性故障是偶然发生的，因此其原因分析与故障诊断较为困难。一般而言，这类故障的发生往往与操作、维护、硬件设备性能及工作环境等诸多因素有关。如连接插头没有拧紧、制作插头时出现虚焊等，电缆没有整理好或电缆质量不合格等都会引起随机性故障的发生。

7.1.3 按数据采集系统发生故障的原因分类

按发生故障的原因不同，数据采集系统故障可分为数据采集系统自身故障和数据采集系统外部故障。

1. 数据采集系统自身故障

数据采集系统自身故障是由数据采集系统自身引起的，与外部使用环境无关。数据采集系统所发生的绝大多数故障均属于此类故障，主要指的是数据采集系统自身、工业智能网关、设备模组等发生故障。

2. 数据采集系统外部故障

数据采集系统外部故障与外部因素有关。如数据采集系统的供电电压过低、电压波动过大、电压相序错误或三相电压不平衡，环境温度过高，有害气体、潮气、粉尘侵入数控系统，外来振动和干扰等，均有可能使数据采集系统发生故障。

此外，数据采集系统故障还可以按故障发生时有无破坏性分为破坏性故障和非破坏性故障，按故障发生的部位不同分为数据采集系统软件故障、工业智能网关故障、设备模组故障等。

随堂笔记

_____
_____
_____
_____

任务考核

工业互联网设备数据采集系统常见故障分类考核见表 7-1，结合小组的任务实施情况，对每名学生进行任务实施考核。考核过程参照工业互联网设备数据采集 1+X 职业技能等级证书制度试点要求，并将结果记录在表 7-1 中。学生进行互评，再请教师复评。通过任务实施评价，各小组之间、学生之间可以通过分享实施过程，相互借鉴经验。

第 7 章 工业互联网设备数据采集系统的故障处理

表 7-1 工业互联网设备数据采集系统常见的故障分类考核

班级:						
小组:		姓名: 学号:				
项 目		要 求	应 得 分		得分	备注
任务实施	工业互联网设备数据采集系统的故障分类	正确掌握故障的概念	准确率	15		
			完整性	5		
	按数据采集系统发生故障的性质分类	正确掌握故障性质的分类	准确率	15		
			完整性	5		
	按数据采集系统发生故障的原因分类	能够识别造成故障的原因	准确率	15		
			完整性	5		
	按数据采集系统发生故障的部件分类	正确掌握故障部件的种类	准确率	10		
任务评价	小组互评	从信息获取、信息处理、分析归纳、工作态度、职业素养等方面进行评价	15			
	教师评价	从信息获取、信息处理、分析归纳、工作态度、职业素养等方面进行评价	15			
合计						
经验总结						

课后活动

一、填空题

1. 按发生故障的部件不同，数据采集系统故障可分为_____、_____和_____。
2. 工业设备故障一般具有 5 个基本特征：_____、_____、放射性、_____、不确定性。
3. 电气故障可分为_____和_____。
4. 软件故障主要是指_____、_____和采集参数改变或丢失等。
5. 按发生故障的性质不同，数据采集系统故障可分为_____和_____。

二、问答题

简要阐述数据采集系统发生故障的原因分类。

7.2 故障排除原则与诊断方法

任务描述

在工业互联网设备数据采集系统运行过程中会出现各种各样的故障。对于各种故障现象，本任务要求学生能够熟悉系统运维过程中常用的故障排除原则及诊断方法，以提高数据采集系统的稳定性。

学习目标

素质目标：
1）培养安全意识。
2）体验思考的成就感，树立热爱思考的意识。

知识目标：
1）理解数据采集系统的故障排除原则。
2）理解数据采集系统的故障诊断方法。
3）理解数据采集系统的故障产生原因。

能力目标：
1）能够说出数据采集系统的故障排除原则。
2）能够说出数据采集系统的故障诊断方法。
3）能够识别数据采集系统的故障。
4）能够掌握查找数据采集系统故障的方法。

任务实施

| 任务实施指引 | 掌握工业互联网设备数据采集系统运维中常见故障的排除原则和诊断方法 |

7.2.1 故障排除应遵循的原则

在检测故障的过程中，应充分利用数据采集系统的自诊断功能，如系统的开机诊断、运行诊断、实时监控功能、网络诊断等，根据需要随时检测有关部分的工作状态和接口信息。在检测、排除故障的过程中还应掌握以下基本原则。

故障排除原则与诊断方法

1. 先易后难

先易后难是指处理数据采集系统故障时先从最简单的方面考虑，认真观察、分析，再进行判断与维修，这样有利于集中精力进行故障的判断与定位。

在数据采集系统出现故障时应进行以下方面的检查：

1）检查数据采集系统的外部环境（故障现象、电源、连接、温度等）。
2）检查数据采集系统的内部环境（灰尘、连接、电源、温度等）。
3）观察工业智能网关的运行状态（指示灯状态、故障灯状态、接口状态等）。
4）观察工业智能网关的参数配置（接口匹配情况）。

2. 先外后内

先外后内是指检查时要从数据采集系统外部开始检查，如电源、接口连接线路等，确定外部设备没有故障后，再检查数据采集系统内部设备的配置参数、数据链。

3. 先软后硬

一般情况下，排除故障应遵循先软后硬的原则，首先通过软件检测工具排除软件故障的可能，然后再检查硬件故障。

4. 先一般后特殊

在排除某一故障时，应先考虑最常见的原因，然后再分析特殊原因。如当显示采集数据错误时，应先检查数据采集系统的连接线路是否发生了变化，再检查工业智能网关配置、网络连通情况等其他环节。

总之，在数据采集系统出现故障后，要根据故障的难易程度及故障是否属于常见故障等具体情况，合理采用不同的分析和解决方法。

随堂笔记

_____
_____
_____
_____
_____

7.2.2 故障诊断与排除的基本方法

工业互联网设备数据采集系统的故障千变万化，其原因往往比较复杂，为了迅速诊断故障原因，及时排除故障，下面介绍3种常用的故障诊断方法。

1. 观察检查法

（1）直观检查（常规检查）

直观检查是通过看、听、摸、闻等方式检查比较典型或比较明显的故障。如观察设备是否有火花、异常声音、插头松动、电缆损坏、断线或碰线、插件板上元件发烫烧焦、元件损坏或引脚断裂、接触不良、虚焊等现象。

（2）预检查

预检查是指运维人员根据自身经验，判断最有可能发生故障的部位，然后进行故障检查，进而排除故障。若运维人员能在预检查阶段就确定故障部位，可显著缩短故障诊断时间，有一些常见故障在预检查过程中即可被发现并及时排除。

（3）电源、接地、插头连接检查

工业用电的电网波动较大，而电源是控制工业系统的主要供应能源，电源不正常，控制系统的工作必然会出现异常。

数据采集系统中的所有电缆应在维修前进行严格检查，确定其屏蔽、隔离良好，按相关设备的技术手册对接地进行严格测试，检查各模块之间的连接是否正确、接口电缆是否符合要求。

2. 参数检查法

工业智能网关会存储部分数据采集设备的连接参数，可以根据需要查看配置参数是否有变化。因此，检查和恢复数据采集系统的参数是运维中行之有效的故障诊断方法之一。

3. 交换法

交换法是替换相同的插件或器件，观察故障变化的情况，以帮助判断、寻找故障原因的一种方法。工业互联网设备数据采集系统可以通过替换工业智能网关、替换网络连接线等硬件设备查看故障复现情况。如果故障发生在这些部位，用交换法就能十分准确、迅速地查找故障。

对于以上 3 种主要故障诊断方法，运维人员应根据不同的故障现象加以灵活运用，逐步缩小故障范围，最终排除故障。

7.2.3　故障处理流程

设备故障处理流程如图 7-3 所示。

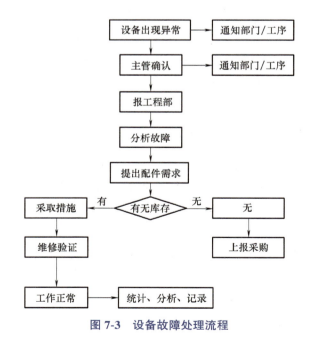

图 7-3　设备故障处理流程

任务考核

故障排除原则与诊断方法考核见表 7-2。结合小组的任务实施情况，对每名学生进行任务实施考核。考核过程应参照工业互联网设备数据采集 1+X 职业技能等级证书制度试点要求，并将结果记录在表 7-2 中。学生进行互评，再请教师复评。通过任务实施评价，各小组之间、学生之间可以通过分享实施过程，相互借鉴经验。

表 7-2 故障排除原则与诊断方法考核

班级：					
小组：			姓名：		
			学号：		
项 目		要 求	应 得 分	得分	备注
任务实施	数据采集系统的故障排除原则	能够掌握数据采集系统的故障排除原则；能够正确识别数据采集系统的故障	准确率 15		
			完整性 15		
	数据采集系统的故障诊断方法	能够掌握数据采集系统的故障诊断方法；能够正确应用数据采集系统的故障诊断方法	准确率 15		
			完整性 15		
任务评价	小组互评	从信息获取、信息处理、分析归纳、工作态度、职业素养等方面进行评价	20		
	教师评价	从信息获取、信息处理、分析归纳、工作态度、职业素养等方面进行评价	20		
合计					
经验总结					

课后活动

一、填空题

1. 常用的故障诊断方法有＿＿＿＿、＿＿＿＿和＿＿＿＿。

2. ＿＿＿＿指运维人员根据自身经验，判断最有可能发生故障的部位，然后进行故障检查，进而排除故障。

3. 替换相同的插件或器件，观察故障变化的情况，以帮助判断、寻找故障原因的方法是＿＿＿＿。

4. 故障排除应遵循的原则有先一般后特殊＿＿＿＿、＿＿＿＿和＿＿＿＿。

5. ＿＿＿＿是指运维人员维修时要从数据采集系统外部开始检查，如电源、接口连接线路等，确定外部设备没有故障后，再检查数据采集系统内部设备的配置参数、数据链。

二、问答题

1. 根据所学知识，简要阐述数据采集系统故障排除应遵循的原则。
2. 数据采集系统出现故障时，根据"先易后难"的原则，简要阐述故障检查步骤。

7.3 实训台实训模组常见故障及处理方法

任务描述

数据采集过程中会出现工业互联网传感器或设备故障，运维人员需要能够正确识别这类故障，并有效解决相应故障。

学习目标

素质目标：
1）培养团结意识。
2）体验思考的成就感，树立热爱思考的意识。

知识目标：
1）理解工业互联网传感器或设备故障的基本概念。
2）理解常见工业互联网传感器或设备的故障现象。

能力目标：
1）能够识别工业传感器模组故障。
2）能够识别 PLC 模组故障。

任务实施

任务实施指引	本任务主要介绍工业传感器模组和 PLC 模组的常见故障及排除方法

7.3.1　工业传感器模组故障

工业传感器如图 7-4 所示。

1. 传感器故障诊断

通过现场观察判断传感器是否出现故障。一般来说，振动传感器不振动，温湿度传感器的电子屏不亮，则代表传感器出现了故障；如果是非现场观察可见的故障原因，需要继续以下操作。

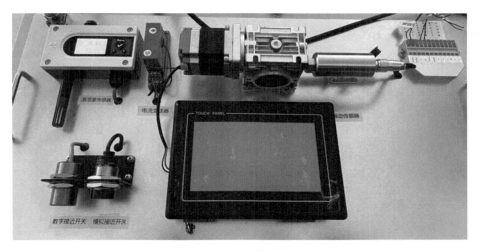

图 7-4　工业传感器

2. 传感器故障处理

（1）传感器供电错误

找到出现问题的传感器，首先要检查传感器电源是否正常，使用万用表测量传感器两端电源电压是否正常，如果出现供电不正常，则应检查数据采集系统的电路接线是否正常。

（2）传感器损坏

在测试传感器供电正常后，还应该测试传感器是否有输出。根据传感器的种类选择合适的测试工具，如数字接近开关传感器，需要使用金属材料靠近传感器，再使用万用表测量，判断输出端是否能够正常输出。

如果传感器在供电正常的情况下不能正常输出，则可以判断传感器损坏，需要更换传感器。

（3）接线错误

在保证传感器供电正常并且测试输出也正常的情况下，如果数据采集系统仍然不能正常运行，则需要检查传感器输出线至工业智能网关之间的线路是否正常、线序是否正常、使用端口是否合适。

随堂笔记

7.3.2 PLC 模组故障

PLC 模组如图 7-5 所示。

图 7-5 PLC 模组

PLC 模组常见故障及处理方法如下：

（1）供电错误

找到出现问题的 PLC 模组后，需要先检查电源是否正常，电源指示灯是否能点亮，如果出现供电不正常的问题，应检查数据采集系统电路的接线是否正常。

（2）接线错误

在保证 PLC 模组供电正常且测试输出也正常的情况下，若数据采集系统仍然不能正常运行，则需要检查 PLC 模组输出线至工业智能网关之间的线路是否正常，采集端口是否匹配。

（3）通信错误

检查 PLC 模组至工业智能网关的电缆是否有断路，两端使用端口及协议是否匹配，以及 PLC 模组本身故障灯的状态。

 随堂笔记

_____
_____
_____
_____
_____

 计划决策

实训台实训模组常见故障及处理方法分工明细见表 7-3。为了保证任务的顺利实施，应该先制定相应的计划。根据任务内容，各小组做好计划，分工到每个组员，然后按照小组决策将本组的工作计划填入表 7-3。

表 7-3　实训台实训模组常见故障及处理方法分工明细

序号	任 务 分 工	操 作 人 员	注 意 事 项
1	设置实训模组故障		
2	查看实训模组故障，根据所学知识处理故障		
3	编写故障处理操作过程报告		

任务考核

实训台实训模组常见故障及处理方法作业考核见表 7-4。对每名学生进行任务实施考核。考核过程参照工业互联网设备数据采集 1+X 职业技能等级证书制度试点要求，并将结果填入表 7-4。学生进行互评，再请教师复评。

表 7-4　实训台实训模组常见故障及处理方法作业考核

班级：　　　　　　　　　　　　　　　　姓名：

小组：　　　　　　　　　　　　　　　　学号：

项　目		要　求	应　得　分		得分	备注
任务实施	识别实训模组的常见故障	认识实训模组的常见故障，认识实训模组功能	准确率	20		
			速度	10		
	准确定位故障点	准确判断故障，准确定位故障点	准确率	15		
			完整性	15		
任务评价	小组互评	从信息获取、信息处理、分析归纳、工作态度、职业素养等方面进行评价	20			
	教师评价	从信息获取、信息处理、分析归纳、工作态度、职业素养等方面进行评价	20			
合计						
经验总结						

课后活动

一、填空题

1. 本任务主要介绍了_____和_____模组的设备故障及检查方法。

2. 使用_____测量传感器两端电源电压是否正常。

3. PLC 模组常见故障有_____、_____和_____。

4. PLC 模组通信错误需要检查_____，_____，以及 PLC 模组本身故障灯的状态。

二、问答题

简要阐述数字接近开关传感器故障检测方法。

7.4 工业智能网关的故障处理

任务描述

运维人员要能够识别工业智能网关的常见故障现象,并能够根据故障现象诊断问题和解决问题。

学习目标

素质目标:

1)培养科技报国情怀。

2)体验思考的成就感,树立热爱思考的意识。

知识目标:

1)理解工业智能网关的网络连接方式。

2)理解工业智能网关的检测方法。

3)理解工业智能网关的故障标识的意义。

能力目标:

1)能够测试工业智能网关网络。

2)能够识别工业智能网关的常见故障。

3)能够排除工业智能网关的常见故障。

7.4.1 工业智能网关的测试方法

1. 自检过程

设备上电后对应的 RUN 灯(工作灯)会闪烁绿色。以太网状态指示灯会在全亮后再指示当前的连接状态。通过指示灯及 Web 配置界面能全面了解整个网络的运行状态。将设备的网口接入计算机网口,正确设置网络,发送 ping 命令,可以检测网口是否能建立网络连接。

2. 电口测试

测试前准备一台 PLC 设备,简单编写 PLC 程序,包括数字量 I/O 控制和存储区的数据存储,使 PLC 能正常上电运行。

工业智能网关设备上电,通信端口 COM1 连接 PLC,网口连接计算机网口,现场采集 PLC 信息,双方均能正常进行数据交互且数据不丢包。同时,对应端口上的黄灯应常亮（网卡工作在 100M 状态）或不亮（网卡工作在 10M 状态），对应端口上的绿灯应闪烁，说明被测试的两个电口硬件工作正常。后续再采用同样的方法测试其余所有电口。

3. 系统测试

电口测试完成后，使用 3 台或更多设备组成网络，通过上位机改变端口属性，观察网络数据的畅通情况。如端口使能、自动协商或强制、端口速率控制等。

4. ping 命令示例

测试计算机 1 的 IP 地址为 192.168.1.1，测试计算机 2 的 IP 地址为 192.168.1.2。在测试计算机 1 菜单栏选择"开始"→"运行"，输入"cmd"命令，再输入"ping 192.168.1.2-t-11000"，(-t 表示不停地发送数据，-1 表示发送数据包的字节数)，在测试计算机 2 菜单栏选择"开始"→"运行"，输入"cmd"命令，再输入"ping 192.168.1.1-t-11000"，测试计算机 1 返回"Reply from 192.168.1.2：bytes=1000 time<10ms TTL=128"，测试计算机 2 返回"Reply from 192.168.1.2：bytes=1000 time<10ms TTL=128"。运行超过 10 min 后按〈Ctrl-C〉组合键命令统计丢包率，若丢包率小于 1/1000，则说明设备工作正常。

随堂笔记

_____
_____
_____
_____
_____

7.4.2 工业智能网关的故障现象与处理方法

工业智能网关的故障现象与处理方法见表 7-5。

表 7-5 工业智能网关的故障现象与处理方法

现象	原因	处理方法
LED 灯（电源指示灯、业务卡指示灯）不亮	电源接口松动或电源适配器损坏；板卡插槽松动	拧紧电源接线柱或更换电源适配器；检查业务板卡，并固定
网口异常	网线没连接或网口松动；现场设备及网关 IP 地址无设置；与业务卡 ETH1 和 ETH2 连接的网线 RJ45 的线序错误	连接或更换网线、检查网口并卡紧；检查网段及 IP 地址是否正确；确定与 ETH1 和 ETH2 连接的 RJ45 线序为 T568A 线序
串口异常	串口线连接松动；串口引脚线接线错误；串口参数配置有误	拧紧串口的螺钉；检查串口引脚线的线序是否正确；确定 RS232/RS485/RS422 串口形式及正确的串口配置参数

随堂笔记

_____
_____
_____
_____

任务考核

工业智能网关故障处理考核见表 7-6。结合小组的任务实施情况,对每名学生进行任务实施考核。考核过程应参照工业互联网设备数据采集 1+X 职业技能等级证书制度试点要求,并将结果记录在表 7-6 中。学生进行互评,再请教师复评。通过任务实施评价,各小组之间、学生之间可以通过分享实施过程,相互借鉴经验。

表 7-6 工业智能网关故障处理考核

班级:_____ 姓名:_____
小组:_____ 学号:_____

	项 目	要 求	应 得 分		得分	备注
任务实施	工业智能网关的测试方法	能够掌握工业智能网关的测试方法	准确率	15		
			完整性	15		
	工业智能网关的故障现象与处理办法	掌握工业智能网关的指示灯含义;掌握工业智能网关的故障原因;能够处理工业智能网关故障	准确率	15		
			完整性	15		
任务评价	小组互评	从信息获取、信息处理、分析归纳、工作态度、职业素养等方面进行评价	20			
	教师评价	从信息获取、信息处理、分析归纳、工作态度、职业素养等方面进行评价	20			
		合计				
	经验总结					

课后活动

一、填空题

1. 工业智能网关串口异常的原因有_____、_____、_____。

2. 将设备的网口接入计算机网口,正确设置网络,发送_____命令,检测网口是否能建立网络连接。

3. 工业智能网关 LED 灯（电源指示灯、业务卡指示灯）不亮需要检查_____、_____。

二、判断题

工业智能网关设备上电后对应的 RUN 灯（工作灯）绿色常亮。（　　）

三、问答题

简要阐述工业智能网关网口异常可能的原因及处理方法。

References
参考文献

［1］施巍松，刘芳，孙辉，等.边缘计算［M］.北京：科学出版社，2018.
［2］贺军华，马轶群，杨军杰.4G 通信技术论述［J］.中国新通信，2019，21（13）：4.
［3］新华网.三大运营商联合发布《5G 消息白皮书》［EB/OL］.（2020-04-08）［2022-03-11］.https：//baijiahao.baidu.com/s？id=1663376677323590953&wfr=spider&for=pc.
［4］手机新浪网.三大运营商年内上线 5G 消息［EB/OL］.（2020-04-11）［2022-04-03］.https：//news.sina.com.cn/s/2020-4-11/doc-iircuyvh 7205872.shtml.
［5］李莉，刘威.振动传感器的原理及应用［J］.电子元件与材料，2014，33（4）：2.
［6］付强.物联网系统开发：从 0 到 1 构建 IoT 平台［M］.北京：机械工业出版社，2020.
［7］传感器专家网.简析温度传感器的应用场景［EB/OL］.（2019-10-24）［2022-04-11］.https：//www.sensorexpert.com.cn/article/3012.html.